Urs Willmann

Bier

Das Buch

Gatsby

Für den Blick hinter die Verlagskulissen:
www.kampaverlag.ch/newsletter

Gatsby Bücher erscheinen im
Kampa Verlag.

Lektorat: Ulrike Ostermeyer, Berlin
Originalausgabe

www.kampaverlag.ch
www.gatsbyverlag.ch
Covergestaltung: Hannah Kolling, Hamburg
Satz: Tristan Walkhoefer, Leipzig
Gesetzt aus der Stempel Garamond LT
Druck und Bindung: Friedrich Pustet, Regensburg
Auch als E-Book erhältlich
ISBN 978 3 311 25006 7

Meinen Töchtern Ana und Josefine

Inhalt

Der erste Schluck

Mein erster Schluck Bier war kein Schluck. Genau genommen. Eher ein Bissen Bier. Die feste Masse eines Stücks Schaum. Im Prinzip bestand es zur Hauptsache aus dem Gas Kohlendioxid. Was mein Vater mir, dem Zehnjährigen, von seinem Feierabendbier gönnte, war ein Anteil am CO_2, das ihm die Kellnerin an den Tisch brachte. Nach dem Öffnen der Bierflasche perlte das Gas aus und verließ in Bläschenform die Flüssigkeit – eine Folge des Druckverlusts in der Flasche und des Umschüttens beim Einschenken. Der Schaum versammelte sich im oberen Drittel des Glases, und er reckte sich sogar neckisch darüber hinaus, wie der oberste Zipfel eines schneebedeckten Bergs. Der Vater schob mir das Bier hin: »Da, der Schaum gehört dir.«

Ich näherte mich vorsichtig dem watteartigen Haufen, dann füllte ich mir mutig den Mund. Das Gas allein hätte natürlich nach nichts geschmeckt. Es hätte auch nicht so stabil wie geschlagenes Eiweiß über dem Rand des Willibechers verharrt. Doch als Schaum war das Kohlendioxid ja nicht auf sich allein gestellt. Es hatte Verstärkung. Es war im Beisein von Proteinen und Hopfenrückständen. Diese fungierten als Lamellen zwischen den einzelnen Gaseinheiten, bildeten die Hüllen der Bläschen und sorgten so – aus physikalischer Sicht – erst einmal dafür, dass das Gas auf dem Bier nicht davonflog und sich im Gasgemisch der irdischen Atmosphäre auflöste.

Der erste Schluck Bier! Für mich: ein Stück Schaum. Für den französischen Schriftsteller Philippe Delerm aber: »der einzige, der zählt«. Die anderen Schlucke nämlich, die immer größeren, aber immer harmloseren, würden nur noch »laue Benommenheit« verusachen, sie seien »freudloser Überfluss«. Einzig der letzte Schluck, schreibt er, erlange eine ähnlich große Bedeutung: »Wegen der Enttäuschung, dass es vorbei ist.«

Bestimmt denken nun einige, mein erster Schluck Bier, jener trockene Mundvoll Schaum, wäre eine Enttäuschung gewesen – kein »prickelndes Gold« am Gaumen, keine »kalte Sonne« wie bei Schriftsteller Delerm oder einem anderen Romantiker des Biergenusses. Nüchtern betrachtet mag sich meine initiale Biererfahrung auf das Runterschlucken eines ungewöhnlich schmeckenden Arrangements aus Gas, Eiweiß, Hefe und Hopfenrückständen beschränkt haben. Trotzdem bestehe ich auf der Sinnlichkeit dieses ersten Mals.

Es reichte immerhin aus, mir eine der Kerneigenschaften des Getränks – seine Bitterkeit – in beeindruckender Intensität zu vermitteln. Manchmal glaube ich, die Schaumfetzen, die ich an einem späten sommerlichen Samstagnachmittag vom Haldengut Lager meines Vaters abgeleckt habe, noch immer auf meiner Zunge zu spüren. Aus sensorischer Warte betrachtet, bewirkten die zusätzlichen Inhaltsstoffe, dass dieser Bissen Bier zu einem frühen Intensiverlebnis wurde, vergleichbar mit dem Probieren des ersten selbstgemachten Karamells und dem Anbeißen der ersten Holzofenpizza in Italien. Sprich: Meine Geschmacksknospen hatten mit den Lamellen der Bläschen so ordentlich zu tun, dass ein späteres Vergessen ausgeschlossen war. Eilig versorgten sie mein Hirn mit einer Warnmeldung: »Sehr bitter!«

In der Zwischenzeit habe ich natürlich gelernt, von der »Bittere« zu sprechen. Ich habe mir diverse Kleinteile des Vokalbulars angeeignet, mit denen das Braugewerbe über seine Produkte fachsimpelt. Ich habe von International Bitterness Units, abgekürzt IBU, schon mal gehört. Ich kann Sorten namens Oktoberfestbier, Gruitbier und Milk Stout auseinanderhalten. Und ich weiß, dass ein Kölsch was Obergäriges ist (schon das reicht manchmal, um sich in Gesprächen über Hopfen und Malz ein bisschen wichtig zu machen). Aber kein Knowhow-Zuwachs, den ich mir mit harter Ausdauer an einem internationalen Tresen oder regionalen Biertisch erworben habe, führte dazu, dass ich jenen ersten Schluck hätte vergessen können. Dies gelang keiner der Abertausend kalten honiggelben Sonnen und keinem der nachtdunklen Teufel, die ich dem bitteren Bissen Schaum in all den Jahren hinterhergespült habe.

An den Namen der Winterthurer Gartenwirtschaft erinnere ich mich nicht. Aber an den Tag, das Wetter und den Grund, mit dem ich mir meinen ersten »Schluck« verdient hatte. Zuvor waren wir im Wald. In höllischer Hitze schlugen wir Holz. Mein Vater legte mit seiner Motorsäge Baumriesen flach, entastete sie, und ich durfte mit dem Reißmeter ablängen: Die dicken Teile der Stämme wurden zu Nutzholz, die Reste zu meterlangen Brennholzeinheiten. Ich schleppte Äste, zerkleinerte das Meterholz mit dem Spalthammer, wendete mit dem Handsappie die Stämme, und wenn Vaters Motorsäge verstummte, weil sie, wie er jeweils sagte, »Durst« habe, »wie sein Meister«, dann holte ich die Plastikkanister und füllte Benzingemisch in die heiß gewordene Maschine ein und Schmieröl für die Kette – während der Vater ein Bier trank. Haldengut Lager.

Ich war ja erst zehn und am frühen Abend fix und fertig. Aber ich lernte, bevor wir nach Hause fuhren, das »Einkehren« nach der Arbeit kennen. Und das Gefühl, ein Großer zu sein, zumindest ein bisschen. An den Händen klebte das Harz, im Gesicht Sägemehl und Schmutz, die Finger rochen nach Benzin, und wir saßen verschwitzt, zwischen Arbeit und Abendessen, in jener etwas schrabbeligen Winterthurer Gartenkneipe, als mein Vater mir den Schaum hinschob.

Seither weiß ich, wann Bier am besten schmeckt. Man muss etwas getan haben, körperliche Arbeit, harte geistige geht auch. Das beste Bier ist Belohnung, es folgt einer Anstrengung. So habe ich es gelernt, und bislang hat niemand das Gegenteil bewiesen. Unter solchen Umständen kommt jene Stimmung zustande, die einen sagen lässt: »Ach, jetzt ein Bier!« Wer diesen Wunsch ausspricht, will keine vornehme Witwe Cliquot aus Frankreich kredenzt bekommen. Er möchte nicht an einem elegant getorften Single Malt Whisky aus den schottischen Highlands schnuppern und nippen. Er will ein Bier.

Kein Wunder, ist der malochende, dehydrierte, dadurch maximal durstige Mann, der seinen körperlichen Wiederaufbau mit einem Bier bewerkstelligt, zu einem Klassiker der Werbegeschichte geworden. Vor Jahrzehnten schaute ich mir in London eine Ausstellung des Victoria & Albert Museums an. Ein einziges Bild daraus habe ich mir einprägen können: ein historisches Guinness-Plakat aus dem Jahr 1934. Es zeigt zwei Arbeiter. Der eine sitzt ermattet hinten auf einer Bank und stärkt sich mit einem Guinness. Im Vordergrund der zweite Arbeiter, er hat sein Stout bereits verputzt, umgehend die Pause beendet und trägt schon wieder locker lächelnd allein einen gigantischen Stahlträger auf Kopf und Arm: »Guinness for strength«.

Vermutlich hat mich der Anblick dieses Guinness trinkenden Kraftmeiers an meinen Premierenschluck nach der Holzfällerei erinnert. Auf jeden Fall hat er meinen frühen Eindruck zementiert, dass schwere körperliche Arbeit und Biertrinken gut zusammenpassen. Bis heute trinke ich gerne Guinness und glaube verklärt irgendwie daran, dass es mir Kräfte verleiht, auch wenn mein aufgeklärter Geist natürlich längst mit klugen Argumenten dagegenhält. Der weiß nämlich, dass der malzige Trunk weniger der Muskulatur im Bauch zu Wachstum verhilft als vielmehr den tangentialen Zonen dieser Körperregion. Und nach dem vierten Guinness ist es mit der Kraft sowieso vorbei.

Das Haldengut Lager hat in seiner Firmenhistorie keine spezifische Zielgruppe vermerkt. Die Faktenlage ergibt nicht mal die Möglichkeit, einen solchen Mythos zu konstruieren. Es ist daher meine individuelle Wahrnehmung, dass zur Marke ein Holzfäller gehört, der mit Harz an den Händen und Spänen im Haar das Motorsägemehl mit einem großen Bier aus den Zähnen spült. Und gleichzeitig lacht. Ja! Dieses Motiv würde ich aufs Plakat drucken!

Andere Verbindungen von Biersorte und Arbeiterschaft sind historisch verbrieft. Das Porter ist nach den Porters benannt, den Londoner Hafenarbeitern, die den ganzen Tag mit dem Be- und Entladen von Schiffen beschäftigt waren.

Der schwitzende Arbeiter jedoch ist in jüngerer Vergangenheit als Zielpublikum aus der Mode gekommen. Die Fernsehbier-Werbung bevorzugt andere Motive. Nassfrische Hopfendolden und Regenwälder erinnern heute während der Werbeunterbrechungen der Sportschau an den typischen Durst des Mannes. Dafür hat die Baumarkt-Werbung sich den Malocher geschnappt – zumindest in seiner Freizeitvariante: hämmernder Heimwerker.

Doch die modernen Craft Brewer holen sich den Arbeiter als Aushängeschild zurück. Dank ihres Fimmels für Traditionsbiere. Porter-Biere, in britischer oder baltischer Ausprägung, feiern in der Szene ein grandioses Comeback, natürlich mitsamt dazugehöriger Legende. Die Bergmann Brauerei (die ein großartiges herbmalziges Schwarzes braut und das legendäre Adam-Bier aus der Gruft geholt hat) setzt mit dem wiederbelebten Biernamen auf den Mythos einer Arbeiterschaft, die es in Europa quasi nicht mehr gibt: die Bergmänner. Erst recht tut sie es mit ihrem Motto, das sich in der

Webadresse wiederfindet: www.harte-arbeit-ehrlicher-lohn.de

Kürzlich las ich auf dem Etikett eines neu lancierten Biers, dass die belgischen Kumpel im 19. Jahrhundert »müde, durstig, mit staubiger Kehle« aus den Steinkohleminen kamen und die lokalen Brauer sie mit der maßgeschneiderten Erfrischung namens Grisette versorgten – schon trank ich die Pulle Zeebrugge von Kehrwieder aus Hamburg mit überproportionalem Wohlwollen, auch wenn ich weder müde noch besonders durstig war und schon gar nicht einen Tag lang Kohle aus dem Erdinnern ans Licht gekarrt hatte. Mehrere kreative Brauer haben die leichte, trockene, säuerliche, alkoholarme Köstlichkeit aus der Vergessenheit geholt und sie anhand alter Rezepte rekonstruiert und modifiziert. Das Bier – erfrischend, wenig Umdrehungen – ist superb. Der Flaschenpreis allerdings weniger etwas für Malocher.

Der Wallonie, dem französischsprachigen Teil Belgiens, verdanken wir neben der Grisette das Saisonbier, auch bekannt als Farmhouse Ale. Fünf Liter standen einem Feldarbeiter einst täglich zu. Es war fruchtig, oft mit Orangenschalen oder Gewürzen angereichert und hatte ebenfalls wenig Alkohol. Dieses »Defizit« kompensierten die Brauer, indem sie mehr vom zweiten klassischen Bier-Konservierungsmittel beimischten: Dank Extraladung Hopfen hielt das niedertourige Bier trotzdem der Hitze des Sommers stand.

So gerne moderne, kreative Braumeister die Geschichte eines kräftigenden oder erfrischenden Trunks nacherzählen – an die alten Rezepte halten sich die wenigsten stur. Moderne Farmhouse Ales sind oft Mutanten. Statt belebende drei haben einige zermürbende acht Volumenprozent Alkohol. Insofern stimmen die aufgetischten alten Geschichten nicht immer mit den gelieferten Tatsachen der trendigen Retrobiere überein. Fünf Liter eines solchen Protzbiers hätten mit dem Feldarbeiter vor allem eines gemacht: ihn von der Arbeit abgehalten.

Allgemein sind Bier und Arbeit zwei auseinanderdividierte Angelegenheiten geworden. Daher sind auch die Zeiten des Haustrunks längst vorbei. Ähnlich wie im alten Ägypten, wo die Pyramidenbauer teilweise in Bier bezahlt wurden, gab es bis zum Ende des 20. Jahrhunderts hierzulande Alkoholika vielerorts direkt am Arbeitsplatz, und sie wurden außerdem als sogenannte »Lohnergänzung« ausgegeben. Noch 2010 gingen in Deutschland vier Millionen Liter Bier als Haustrunk an die Mitarbeiter von Brauereien. Aber die Gepflogenheit, Arbeiters Durst mit Bier zu löschen, kam unter die Räder des Zeitgeists. Längst arbeiten auch die Steuerbehörden gegen diese nette Geste der Arbeitgeber innerhalb der Getränkeindustrie an, indem sie den Haustrunk als »Lohnanteil« und »geldwerten Vorteil« dem Steuerrecht unterstellten.

Aber damals, in den Siebzigern, war das anders. Die Maurer auf dem Bau waren Säufer, von Ausnahmen abgesehen. Genauso wurde im Wald zwischen all den Bäumen gegen die Dehydrierung natürlich mit Bier angetrunken, so etwa ab mittags, spätestens ab 15 Uhr. Als Problem erkannte man dabei am ehesten: Wie halten wir die Flaschen kühl?

Unter diesen Gesichtspunkten müsste man natürlich längst fragen, wie es moralisch zu bewerten ist, dass mein Vater seinen zehnjährigen Sohn 1974 den Schaum hat ablecken lassen.

Heute gibt man Kindern keinen Schaum mehr zu trinken. Ich schon, aber das muss unter uns bleiben. Jeder Akt, der Minderjährige an die Droge Nummer eins, den gefährlichen Alkohol, heranführen könnte, bringt einem im mildesten Fall Kopfschütteln, im mittelscharfen Beschimpfung und im schlimmsten eine Anzeige ein.

Um meinen seligen Vater aus der Schusslinie heutiger hysterischer Zeitgenossen zu nehmen, muss ich erst einmal verraten, um was für ein Bier es sich bei dem damaligen Haldengut Lager handelte. Den nachhaltigen Eindruck hat mir damals der Hopfen beschert. Ganz simpel wegen der Stärke seines Geschmacks, nicht etwa seines Aromas wegen. Das Bier war garantiert nicht mit einem Aromahopfen gewürzt, über den heute Bierkenner weltweit fachsimpeln könnten. Das Bier war mit Bitterhopfen gekocht, die Aromaöle waren weitestgehend verdampft. Ich kann mich an keine Blumigkeit im Duft erinnern. Auch nicht bei späteren Schlucken in späteren Monaten und Jahren, die bald nicht mehr aus Schaum, sondern aus richtigem flüssigem, kaltem Bier bestanden, also Sonne. Nein, in meines Vaters Glas steckten keine filigranen Litschi-Aromen, kein Hauch von Kardamom, Himbeeren und Schokolade. Sein Glas war einfach voll mit Bier. Das Bier schmeckte bitter. Die Männer hatten Durst. Sie wollten Bier.

Und ich war ein Kind. Evolutionsmediziner können

bestätigen, dass ich in jenem Alter darauf konditioniert war, das Bittere als Warnung zu interpretieren. Was bitter ist, könnte vergiftet sein. Denn dies war bereits für das Steinzeitkind ein wichtiger Überlebensvorteil, wenn es beim Beerennaschen in der Wildnis versuchte, möglichst viele süße Exemplare in sich hineinzustopfen. Biss der paläolithische Knirps auf die Beere einer bitteren Sorte, ließ er diese wohlweislich nach einer ersten Kostprobe am Strauch hängen – die Früchte waren ungenießbar. Die darauf fokussierten Rezeptoren sitzen mehrheitlich hinten auf der Zunge. Erwischen sie Ungenießbares, melden sie dies sofort ans Gehirn, und das Denkorgan löst einen Würgereflex aus, damit der Bitterstoff den Körper möglichst schnell wieder verlässt.

Dabei kann man den Pflanzen übrigens durchaus Absicht unterstellen. Nicht alle möchten von Tieren verspeist werden. Deshalb stellen viele von ihnen Gifte her, unter anderem Substanzen, die im Magen Blausäure freisetzen. Wir haben im Laufe der Evolution gelernt, dass wir diese gefährlichen Stoffe an ihrer Bitterkeit erkennen können. Entsprechend heftig reagieren die dafür zuständigen Rezeptoren – während die Kollegen, die auf Süßes reagieren, Signale verschicken, die im Hirn für Euphorie sorgen. Seit der Altsteinzeit sind wir mit diesen Mechanismen ausgestattet.

Bestimmt wusste mein Vater das. Er versuchte, mich auf diese Weise vom Alkoholkonsum abzuhalten. Ich sollte anhand der Schaumprobe schmecken, wie ungenießbar Bier schmeckt. Er warnte mich vor dem toxischen Trunk!

Für diese These spricht zumindest theoretisch eine weitere Erfahrung. Der Vater wollte mich und meinen Bruder womöglich auf dieselbe Weise vom Rauchen abhalten. Um uns die Glimmstängel madig zu machen, nutzte er den »Schulsilvester«, einen Zürcher Altjahresbrauch (der in Verruf geraten und mittlerweile vielerorts verboten ist). Es war üblich, dass die Kinder des Dorfs am frühen Morgen des letzten Schultags vor Weihnachten rauchend duch die Straßen zogen und derbe Streiche spielten (Sachbeschädigungen gab es damals noch relativ selten). Statt uns im Vorfeld Ratschläge zum Maßhalten zu geben, hatte mein Vater seine eigene Sonderpädagogik entwickelt. Er drückte uns am Vorabend dicke Stumpen – das niedrigpreisige schweizerische Pendant zur Zigarre – in die Hand und sprach: Raucht so viel ihr wollt! Die brillante Idee dahinter: Den Söhnen wird von der rustikalen Kost kotzübel; sie werden auf ewig die Finger vom Tabak lassen.

Gegen die These, dass er mich mit dem Bier ebenfalls präventiv vergiften wollte, damit ich auf den Weg zur Abstinenz finde, spricht allerdings auch einiges. Mein Vater rauchte nämlich seit Urzeiten nicht mehr, Rauchen gefiel ihm nicht – der Versuch, uns vom Paffen abzuhalten, war also glaubwürdig. Beim Bier allerdings erkenne ich (rückblickend) diese Absicht nicht. Man merkte meinem Vater an, dass er es immer gemocht hat. Sehr. Zeitweise zu sehr.

Mir schmeckte Bier auf Anhieb. Das ist keine bloße Behauptung. Ich habe nicht aus dem Grund Schaum geleckt und später meinem Vater mal das halbe Bier ausgetrunken, weil ich noch erwachsener sein und ein bisschen Sodom und Gomorrha schmecken wollte. Das Gefühl, am Verbotenen genascht zu haben, erlebte ich erst viel später. Als ich mich in Abwesenheit der Eltern an der Schnapsbar vergriff. Ein blöder Rausch kam dabei rum, aber keine Freude.

Rebellische erste Schlucke mögen manchen Biertrinker zu nostalgischen und philosophischen Gedanken in Übergröße verleiten. Da wird das vorpubertäre Ereignis schnell zu einer Art Mini-Initiation: erster Alkohol. Aber dafür hatte ich, viel früher schon, den Hustensirup – den es heute natürlich kindergerecht alkoholfrei gibt. Aber auch der Hustensirup hatte kein Gefühl erzeugt, das etwas mit persönlicher Reifung zu tun gehabt hätte. Vielleicht muss ich es tatsächlich lapidar ausdrücken, auch wenn ich in der Rückblende gerne mehr Bedeutung in jenen Moment interpretieren würde. Ich hatte damals einfach den Mund voll Schaum. Der Schaum hat sehr bitter geschmeckt. Aber er hat geschmeckt.

Die neue Vielfalt

Seit sich der Biertrinker im Restaurant genauso wichtig machen kann, ist es mit dem Privileg des Weintrinkers vorbei. Dieser hatte lange genug exklusiv die Möglichkeit, seine Flüssigkeitszufuhr zum dominanten Thema einer Bestellung zu machen. Er legte den Blick über die Weinkarte, wählte die Farbe seines Getränks. Dann entschied er sich für einen Kontinent, ein Land, eine Region, eine Traubensorte, einen Winzer, einen speziellen Jahrgang. Er evaluierte die geografische Ausrichtung des Weinbergs, die Geologie des Untergrunds, unter Umständen das Alter der Weinstöcke. Zu klären hatte er die Frage nach Barrique. Und damit an den Nebentischen jeder mitbekam, mit wie viel zwingendem Wissen der fortgeschrittene Konsum von Wein einher gehen kann, stellten Gourmetrestaurants ihren Gästen einen Sommelier zur Verfügung. So ließen sich alle weiteren wichtigen Aspekte im Experten-Talk erläutern: Körper, Tannine, Textur.

An einem der Nebentische saß der gemeine Biertrinker und brütete über seinen Minderwertigkeitsgefühlen. War er dran, ein Getränk zu bestellen, ging es schnell. Ihm stand eine erschreckend kümmerliche Auswahl zur Verfügung: Pils oder Weizen, groß oder klein, Flasche oder Zapfhahn.

Doch seit Craftbier in Deutschland in relevanten Mengen getrunken wird, mutiert der Biertrinker zum Fachmann, denn auch er hat nun den Lockruf der Vielfalt vernommen und spürt die Herausforderung, sich auszukennen. Sarkastisch gesagt: Mit der Einfachheit ist's vorbei; wir Biertrinker müssen heute dieselben Hürden nehmen wie der Weintrinker.

Früher habe ich einfach »ein Bier« bestellt, heute erkundige ich mich nach der Bierkarte. Und die hat mehrere Seiten. Darauf finden sich Kontinente, Länder, Erzeuger, Bierstile, Malzsorten, Hopfensorten. Mitunter Jahrgänge und lateinische Namen von Hefen. Auch die Preise sind nicht mehr, was sie mal waren. Und schon kommt der Biersommelier herbeigerannt, gleich werden wir übers Terroir reden.

Natürlich sind bessere Zeiten angebrochen, seit Gast und Kellner nicht mehr nur das gewünschte Fassungsvermögen von Krug oder Glas, sondern Marken, Zutaten und Brauarten zu besprechen haben. Die Qualität der Biere, die wir an gut sortierten Zapfstellen bekommen, ist im Vergleich zu früher atemberaubend. Astra, Beck's oder Paulaner gibt es natürlich wie eh und je. Aber auf der Tafel neben dem Tresen steht jetzt oft noch eine verführerische Liste mit gänzlich Unbekanntem.

Es gibt einen jährlich durchgeführten Wettbewerb, der diese Entwicklung deutlich zeigt. Der European Beer Star ist die europäische Weltmeisterschaft der Biere. Es gibt auch eine amerikanische (den World Beer Cup), die ist natürlich größer. Aber längst ist die in München abgehaltene Veranstaltung genauso unüberschaubar geworden. Traten bei der Premiere 2005 erst 271 Biere an, so verkostete die Jury im Jahr 2018 bereits 2 344 Biere aus 51 Ländern.

Für mich als Mitglied der Jury heißt das: 160 Biere in zwei Tagen trinken. Als mich vor Jahren das Glück ereilte, in dieses Gremium berufen zu werden, habe ich mich nicht dagegen gewehrt. Als einer von mittlerweile 144 Köpfen arbeite ich mich jährlich durch die Bierwelt hindurch, verkoste Sauerbiere, Honigbiere, Düsseldorf-Style Altbiere, Dry Stouts. Manchmal erwischt es mich, dass ich auch die ganze belgische Vielfalt bezwingen muss: die Dubbels und Tripels in jeweils eigenen Kategorien und die noch stärkeren Quadrupel, die unter den »Ultra Strong Beers« eingereiht sind.

Zwei Tage lang bekommen wir Bier in neutralen Gläsern vorgesetzt. Alles im Blindtestverfahren: Wir kennen weder die Namen der Biere, noch die der teilnehmenden Brauereien. Erst vergeben wir Punkte. Schließlich verleihen wir in den Finalrunden Gold, Silber und Bronze in 67 Kategorien. Diese große Auffächerung nach Sorten oder Bierstilen hängt damit zusammen, dass sich Flascheninhalte selbst dann schlecht vergleichen lassen, wenn sie mit identischen Zutaten gebraut sind; Starkbier und Lightbier gegeneinander antreten zu lassen, wäre sinnlos, selbst wenn Hopfen und Malz die gleichen sind.

Allein beim »Weizenbier nach süddeutscher Brauart« werden in sieben verschiedenen Kategorien die Weltbesten erkoren: leichtes Weizen, Hefeweizen hell, Hefeweizen bernsteinfarben, Hefeweizen dunkel, Kristallweizen, Weizenbock hell, Weizenbock dunkel. Es geht noch weiter: Weizenmalz findet sich in Belgian-Style Witbieren, in obergärigen Alkoholfreien, in der Kategorie der fassgereiften Starkbiere oder unter dem etwas sperrigen Oberbegriff »Traditional Belgian-Style Lambic, Geuze and Fruit Geuze«. Allein das Verkosten dieser letzten Kategorie ist immer ein Überraschungstrip. Die Lambics sind eine der ältesten Biersorten der Welt. Die Belgier machen daraus wahre Schätze, die man wie einen Bordeaux zwanzig Jahre im Keller aufbewahren kann. Sie reifen in Eichen- oder Kastanienfässern, und manche bekommen nach vielen Monaten zusätzlich Gesellschaft von frischen Sauerkirschen – wodurch sie zu einem Kriek werden. Sie vergären nämlich erneut, weil Mikroorganismen auf den Schalen der Kirschen mit jenen im Lambic zusammen eine zweite Phase der Fermentation anstoßen.

Andere Kategorien sind hierzulande bekannter: Bock, Lager, Kölsch. Die Einführung einer neuen Kategorie beschließen die Veranstalter, sobald ein alter Stil erfolgreich aus der Versenkung geholt wurde oder Kreativbrauer ihn überhaupt erst erfunden haben: Session Beer, Baltic-Style Porter, Fruit Beer, New Style India Pale Ale, New Style Lager.

Das Biertrinken ist so kompliziert geworden, dass schon allein das Saisonbier oder Farmhouse Ale, das vor wenigen Jahren in Deutschland kaum einer kannte, beim European Beer Star nicht mehr mit einer Kategorie zurechtkommt. Weil vor allem die amerikanischen Craft Brewer jede in Europa erspähte Sorte in ihrem schöpferischen Furor weiterentwickeln, mussten irgendwann die Biere aus dem Komplex »Traditional Belgian-Style Saison« von den alkoholisch und geschmacklich mit einem Turbo ausgerüsteten »New Style Saison« getrennt werden.

Stellen Sie sich einmal vor, Sie wären Braumeister. Sie möchten ein wenig ihren Ambitionen als Craft Brewer nachgehen. Sie haben erfahren, dass es einen interessanten Trend gibt: Zusätzliche Geschmacksnuancen lassen sich ins Bier bringen, ohne dass Sie gegen die Heilige Schrift der orthodoxen Brauwelt (das Reinheitsgebot) freveln müssen. Die Methode erinnert an Homöopathie: Whiskyaroma ins Bier, ohne dass Whisky im Bier ist. Sie müssen das Bier nur einem Holzfass anvertrauen, in dem zuvor Schnaps reifte. Möchten Sie einen Versuch starten? Wenn Sie diese Frage mit Ja beantworten, haben Sie als Braumeister einen einzigen Punkt geklärt. Es kommen aber viele Punkte hinzu.

Zum Beispiel: Soll das finale Bieraroma von einem alten Irish Whiskey-, Scotch- oder Bourbonfass geprägt sein? Soll zuvor im Fass Cognac, Rum, Tequila, Gin, Sherry, Madeira, Weißwein oder Ultra Strong Bier gelegen haben? Die Frage, ob das Fass getoastet sein soll oder getoastete Holzchips zum Einsatz kommen dürfen (bis 2006 verboten), beschäftigte über Jahre fast nur die Winzer mit ihren Trauben. Längst ist diese Debatte im Sudhaus angekommen. Wie lange soll das Bier im Fass bleiben – zehn Tage oder drei Jahre? Nehme ich eins mit Hefen in den Fugen zwischen den Dauben, oder dürfen es Milchsäure- und Essigsäurebakterien sein?

Ich würde Sie jetzt gerne erlösen und inhaltlich weitergehen. Aber die Holzartfrage haben wir noch nicht geklärt. In der französischen Eiche sind mehr Tannine, das Aroma wird kräftiger. Amerikanische Eiche bringt Kokos- und Vanillearomen hervor. Russische Eiche macht das Bier cremiger. Überdies sind die Jahrringe nicht zu vernachlässigen! Sie geben Aufschluss über das Tempo des Baums beim Wachsen: Langsame Hölzer haben höheres Aromapotenzial. Und mit welcher Technik gleiche ich aus, dass das Bier im Fass einen Großteil seines Kohlendioxids verloren hat? Wieder drei Möglichkeiten. Erstens: Exakt so abfüllen – ergibt ein ziemlich schaumloses Getränk. Zweitens: In der Flasche nochmals gären lassen. Drittens: Zusätzlich CO_2 in den Tank geben, im Fachjargon »aufkarbonisieren«.

Selbst jetzt, unmittelbar vor dem Abfüllen, wird Ihnen noch einmal eine grundsätzliche Entscheidung abverlangt. Denn was der Winzer mit Cuvées seit Jahrhunderten praktiziert, kann der Brauer heute genauso: Zielgerichtetes Zusammenschütten unterschiedlicher Sude balanciert die Aromen aus. In der Fachsprache: Blending.

Ich habe vor ein paar Jahren auch nicht verstanden, warum ein Schluck Bier zum Reifen Cellulose braucht und davon profitieren soll, wenn zuvor beim Rösten oder Toasten des Holzes die Makromoleküle aus Zucker in kleinere Bausteine aufgespalten und karamellisiert werden, sodass danach im Fass Süße und Farbe ins Bier gelangen. Aber an einem Herbsttag landete ich glücklicherweise in der Brauerei Camba Bavaria im bayerischen Truchtlaching. Ich hörte den Meistern zu. Ich verkostete.

Und vor allem: Ich schmeckte es. So ist mir das mit der Cellulose nach dem Weizenbock aus dem Bourbonfass, nach dem Hellem Bock aus dem Zwetschenbrandfass, spätestens aber nach dem Imperial Stout, gereift im Rumfass, irgendwie klar geworden.

Allerdings frage ich mich manchmal, ob es gut war, mich auf all diese Horizonterweiterungen einzulassen. Ich habe in meinem Leben selten viel Geld für Wein ausgegeben. Im Biersektor aber gehöre ich vielleicht längst zu den »Spinnern«. Das ist keine Selbstdiagnose. Ich bin sicher, einige Menschen in meiner Umgebung würden mich in diese Kategorie einorden, falls ihnen zu Ohren käme, dass ich manchmal sieben Euro für ein 33-cl-Fläschchen Bier ausgebe (nicht in der Bar, im Laden um die Ecke).

In einem Fall lohnt sich die Investition immer: Die Kehrwieder Kreativbrauerei in Hamburg hat sich mit ihrem Russian Imperial Stout namens Nashville viel Mühe gegeben. Neun Monate schickte sie es in ein ehemaliges Roggen-Bourbon-Fass. Entstanden ist ein nachtdunkler Kraftmeier mit zwölf Umdrehungen, der trotz der satten Dosis Ethanol nicht im Geringsten ölig schmeckt. Denn mehrere Hopfensorten bieten dem angreifenden Alkohol kräftig Paroli. Es lohnt sich, die Flasche auszulecken. Aber dieses Bier gegen den Durst trinken: Obacht!

Mein eigentliches Erweckungserlebnis liegt ein paar Jahre weiter zurück als die ersten Fasserfahrungen. Es war auf der Rückfahrt von Amsterdam nach Hamburg. Wir saßen im Zug, und der Zug fuhr nicht weiter. Kaputte Lok. Mein Freund Dirk rannte zum Bahnhofskiosk, kam mit einem Sixpack Dosenbier zurück, und dann rann durch meine Kehle der biergewordene Beweis, dass Michael Rudolf nicht übertrieben hatte. Der viel zu früh verstorbene Bierphilosoph Rudolf – Großmeister seines Fachs, radikal und verhasst – stellte 2005 erbarmungslos fest, was bis heute gilt: »Nach wie vor erfüllen nicht wenige Biere den Tatbestand der Körperverletzung.« Er pochte darauf, dass viele seiner durchaus vernichtenden Kritiken »nicht allein durch das Recht auf Meinungsfreiheit gedeckt« seien, sondern auch durch die »Pflicht zur Notwehr«.

Das Pils, mit dem Dirk mich im stehenden Zug erfreuen wollte, ist nach einer katholischen Stadt im Süden Ostwestfalens benannt. Ich war damals noch nicht versiert im Umgang mit sensorischen Erfahrungen beim Biertrinken. Der erste Schluck fühlte sich an wie Nägel essen, wenn man sich auf Mousse au Chocolat gefreut hat. Erst Jahre später erlangte ich ein Basiswissen, das mir erlaubte, einigermaßen differenziert die Ursachen zu eruieren, warum jenes Bier im stehenden Zug so bemerkenswert übel schmeckte. Für den metallisch, kantigen Abgang sorgte der Hopfenextrakt – das Bier ist komplett ohne Hopfendolden oder Hopfenpellets gebraut. Außerdem wird die Marke im Schnellverfahren hergestellt, ohne lange Lagerung. Damit das Gesöff ein Jahr haltbar bleibt, ist nahezu die komplette Biologie (Eiweißverbindungen und Schwebestoffe) mithilfe von Kunststoffgranulat herausgefiltert – mit Einbußen beim Geschmack. Vermutlich ging zusätzlich im Bahnhofskiosk einiges schief: Lagerung bei hochsommerlichen Temperaturen?

Die Erfahrung mit jenem Billigbier, das heute an fast jeder mir bekannten deutschen Tanke und in Bahnhofkiosken verkauft wird, war keine schöne. Aber sie führte zu einer Entscheidung. Als der Zug weiterfuhr, beschloss ich, nie wieder im Leben schlechtes Bier zu trinken. Ich beauftragte meine Zunge, die Einhaltung dieses Vorsatzes zu überwachen. Michael Rudolf hat nämlich geschrieben, dass das Zentralorgan im Mundraum eine wichtige Aufgabe erfülle: Seine Sensibilität »dient der Kontrolle im Sinne der körperlichen Einfuhrbestimmungen«.

Natürlich scheiterte mein Vorhaben kläglich. Schlechte Biere suchen mich bis heute heim; manchmal trinke ich sie sogar (Durst verzeiht). Aber immerhin stachelte die Konsumation jenes grauenhaften Pils-Biers in mir den Ehrgeiz an, die Kadenz schöner Trinkererlebnisse in meinem Alltag kontinuierlich zu steigern. Was keine Freude macht, kommt auf die Rote Liste der untrinkbaren Biere. Zuoberst steht der Name des ostwestfälischen Fabrikats. Darunter sind bis heute 25 Biere dazugekommen – aus Notwehr.

Länger als dieses Dokument des Grauens ist meine Positivliste. Die Craftbier-Welle schwemmt nicht nur neue und frisch interpretierte alte Sorten in die Regale, mit ihr feiern alte Spezialitäten aus traditionellen deutschen Betrieben spektakuläre Comebacks. Schließlich ist sorgfältiges Handwerk keine Erfindung der USA. Craftbiere gab es in Deutschland immer. Sie hießen nur nicht so. Es handelte sich um regionale Spezialitäten mit oft unauffälligen Namen (Vollbier, Original, Bauernbier,

Klosterbräu oder Ur-Alt), und sie hatten lange nicht die Aufmerksamkeit, die sie verdienen.

Die Bedeutung eines Getränks für die Gesellschaft kann man daran messen, wie pfleglich damit umgegangen wird. So gesehen hat das Bier eine lange Zeit der Respektlosigkeit hinter sich. Das hat nichts damit zu tun, dass Bier seit jeher in rauen Mengen getrunken und folglich in rauen Mengen gebraut wird. Ein großindustrieller Rahmen verlangt nicht zwingend, dass das Bier schlecht sein muss (auch wenn Romantiker uns diesen Zusammenhang gerne suggerieren wollen).

Was zutrifft: Viele Brauereien haben ihr Bier geschmacklich runtergewirtschaftet. Stilprägend waren Betriebe, die sich in den 1970er und 1980er Jahren globalisierten oder zumindest national breit machten. Homogenisierte Massenproduktion versprach die größten Gewinne. Heineken war plötzlich überall. Auch Beck's und Budweiser. In Deutschland Warsteiner, Krombacher, Oettinger oder Bitburger. Aus Mexiko kam Corona, aus Dänemark Carlsberg. Am Ende dieser Entwicklung schaffte es jeder, ein Dutzend Marken aufzuzählen – die er in der Blindverkostung nicht auseinanderhalten konnte. Im weltweiten Verteilungs- und Überlebenskampf siegreiche Pilssorten unterschieden sich nur noch in der Gestaltung der Etiketten. Um die Preiskämpfe zu gewinnen, »optimierten« Betriebswirtschaftler die Produktion so brutal, dass aus immer billigeren Zutaten Sachen entstanden wie jenes Pils, das im Zug von Amsterdam nach Hamburg den Tatbestand der Körperverletzung erfüllte.

Die Amerikaner waren am schlimmsten dran. Die Prohibition endete zwar 1932, doch die Folgen sind bis heute zu spüren. Viele der einst 1 179 Betriebe überlebten die damaligen Einschränkungen nicht. Und nach dem Zweiten Weltkrieg setzten sich jene Brauereien durch, die fast identische Ware produzierten – geschmacksreduzierte Standardbiere ohne Ecken, ohne Kanten, ohne Charakter. Das Zeugs ging trotzdem weg.

In Europa, vor allem im Norden Deutschlands, gab es vor zwanzig Jahren gefühlt fast nur noch Pilsbiere, auch sie unterschieden sich kaum voneinander. Sogar solche, die einst mit 40 Bittereinheiten (IBU) gestartet waren, unterschritten längst die 30-IBU-Marke. Ich übte mich damals in sensorischer Grobmotorik und trank mit. Auf Partys immer Beck's. Und in den Kneipen gab es, was ich aus der Werbung kannte. Nur selten ärgerte ich mich – als zum Beispiel die Deutsche Bahn in ihren Speisewagen das bis heute tadellose Radeberger durch Bitburger ersetzte.

Immerhin galt hierzulande auch zu den schlimmsten Zeiten des Brauereisterbens: Wer suchet, der findet Gutes. Im Süden sowieso. Ein anderes Kaliber hatte der Leidensdruck in den USA. Es ist daher nur logisch, dass die jüngste Bierrevolution dort ins Rollen kam.

1979 ermöglichte der damalige US-Präsident Jimmy Carter die Wende. Er legalisierte das private Brauen in den eigenen vier Wänden. Inspiriert von den Freizeittüftlern begannen unabhängige Produzenten mit Craft Brewing gegen die Ödnis anzubrauen. Die Rolle des Spritus Rector spielte der Autor Michael Jackson.

Der Brite hatte den Amerikanern mit dem 1977 erschienen Standardwerk »The World Guide to Beer« die vielfältige europäische Bierkultur nähergebracht. Neidisch, aber inspiriert, schauten die US-Brauer in die Alte Welt, nach Großbritannien, Deutschland und Belgien. Sie entdeckten traditionelle Sorten, brauten sie »handwerklich« mit hochwertigen Zutaten und entwickelten eigene, oft kühne Rezepturen. So brachen sie das Monopol des einheimischen Standardbiers.

Wenn man einen Ort benennen will, an dem die Craftbier-Welle richtig losging, dann kommt man auf Chico in Kalifornien. Im November 1980 braute die kurz zuvor gegründete Sierra Nevada Brewing Company erstmals ihr Pale Ale, bitterer und aromatischer als das englische Original. Kernstück des Trunks war die neue Hopfensorte Cascade, die bis heute die beliebteste in der Craftbier-Szene ist. Seither gelten Litschi und Grapefruit als typische Bieraromen. Bereits 1983 lieferte die Brauerei auch eines der frühesten Beispiele von »extreme brewing« ab. Ein Bigfoot zu trinken, bedeutet zweimal volle Kanne: fast zehn Volumenprozent Alkohol, 100 Bittereinheiten (IBU).

Die Sorte India Pale Ale ist bis heute das erfolgreiche Flaggschiff der Bewegung: Im IPA konnten sich die Kreativen austoben, indem sie mit neuen Hopfensorten experimentierten und den fast verschwenderischen Umgang mit dieser Hanfpflanze zur Tugend erhoben. Unmengen von Dolden und Pellets landeten im Bier. Und mit dem IPA konnten sich die Craft Brewer auf eine lange Tradition berufen – auf eine schöne Geschichte, von der niemand genau sagen kann, wie groß der Anteil an Seemannsgarn ist.

Diese Geschichte geht so: Die Sorte IPA stammt aus der Zeit des Kolonialismus. In der zweiten Hälfte des 18. Jahrhunderts mussten sich die englischen Brauer der schwierigen Frage widmen, wie sie ihr Ale wohlbehütet zu ihren Landsleuten auf den anderen Seiten der Welt verfrachten könnten. Es gab noch keinen Suezkanal – Indien war eine sehr weite Schiffspassage entfernt. Wie ließ sich der Durst der dort beschäftigten Briten stillen?

Die Brauer entschlossen sich, ihr Bier mit zwei Konservierungsmitteln haltbar zu machen: Alkohol und Hopfen. Je hochprozentiger und bitterer, desto länger konnte das Bier unterwegs sein, ohne geschmacklich zu verlottern. Nach der bis zu halbjährigen Reise entlang der afrikanischen Westküste, um das Kap der Guten Hoffnung herum, sollten die Konsumenten in Indien das Konzentrat mit Wasser verdünnen, um »normales« Bier zu erhalten – so hatten es sich die klugen Brauer angeblich überlegt. Aber natürlich kam es anders. Den Briten in den Kolonien schmeckte das Fassbier unverdünnt. Ein neuer Bierstil war geboren.

Die schöne Anekdote von der geplanten Verdünnung stimmt vermutlich nicht. Sicher ist aber, dass das IPA aus dem hellen, starken und stramm gehopften Oktoberbier der Londoner Brauerei Hodgson hervorgegangen ist. Es überstand den Transport am besten. Letztlich kam aber noch der Faktor Wasser hinzu. Das harte, sulfathaltige Wasser aus Burton-upon-Trent in der Mitte Englands passte besser zur massiven Bittere. Es verpasste den IPAs eine frischere Note.

Ende des 19. Jahrhunderts war jedoch Mäßigung angesagt. Die Abstinenzbewegung kam auf; der Genuss alkoholischer Getränke geriet in Veruf. Hohe Steuern auf Starkbier begünstigten den Trend zu leichten Lagerbieren, das hopfenbetonte IPA verschwand. Ballantine IPA aus New Jersey überlebte bis in die 1970er Jahre. An dieses »hoppiest IPA in the States« erinnerten sich die amerikanischen Craft Brewer und belebten die Sorte neu.

Allerdings hielten sie sich nur bis zu einem gewissen Maß an das Orginalrezept. Sie kochten die Alphasäuren aus dem Hopfen heraus und machten das Bier auf diese Weise bitter. Sie ließen es sich jedoch nicht nehmen, den Stil neu zu erfinden. Sie setzten anschließend im Schongang (bei Niedertemperatur oder wenn das frische Bier gar schon kalt war) erneut Hopfen zu – vor allem die neue Sorte Cascade. Auf diese Weise entlockten sie der Pflanze auch die aromatischen Öle, ohne diese zu verdampfen. Das Resultat waren bittere Biere mit oft spektakulär fruchtigen Hopfennoten: Orange, Litschi, Mango, Grapefruit, Melone. Diese Biermode war so auffällig, dass bis heute viele glauben, der Begriff Craftbier sei gleichbedeutend mit Aromahopfenorgie. Was natürlich nicht stimmt. Handwerk funktioniert auch bei Biersorten, die nicht mit Früchtekörben konkurrieren möchten.

Wenn ich Bekannten erzähle, dass ich im Oktober wieder nach München fahren muss, um 160 Biere zu trinken, ernte ich Neid. Das ist ungerecht. Manchmal wünschte ich mir Mitgefühl. Sogar als Bierverkoster kann man im Leben Pech haben. Mein erster Antritt in der Jury des European Beer Star war zermürbend. Auf der Liste standen diverse interessante Kategorien, in denen ich mich gerne ausgetobt hätte. Als Frischling aber wurde ich einer Gruppe zugeteilt, deren Aufgabe es war, in mehreren Vor- und Hauptrunden die besten Pilsbiere, die besten Hellen oder Lagerbiere sowie die besten Exportbiere aufzuspüren. Was das bedeutete? Hundert Mal ein ähnlich schmeckendes, getreidehaltiges Alkoholikum – direkt nach dem Frühstück.

Immerhin entpuppten sich diese Blindverkostungen als horizonterweiternd. Ich hockte zwischen echten Praktikern. Meine Nebenmänner waren zwei Braumeister aus Schottland und Tschechien. Wir verteilten Punkte für Schaum, Farbe, Klarheit, Geruch, Aroma, Bittere, Rezenz, also den Frischeindruck, und Nachtrunk (oder Abgang). Anschließend diskutierten wir, was bei den einzelnen Bieren in der Produktion schiefgelaufen sein könnte. Woher die Kältetrübung? Sie darf nicht sein. Wie kamen die fruchtigen Ester- und Diacetylnoten ins Pils? Sie gehören da nicht hin. Trifft die Farbe noch die Vorgabe »stroh- bis goldfarben«?

Am meisten war mir das Glück in jenem Jahr hold, als der langjährige Leiter Stefan Stang mich in seiner Gruppe unterbrachte. Er hatte (wie immer) im Vorfeld natürlich darauf geachtet, dass er selbst mit seiner Gruppe (deren Captain er war) nicht in die Endlosschleife aus Lager, Pilsner und Export geriet. Will heißen: An der Seite des listigen Stefan machte ich intensive Erfahrungen mit sehr vielen, sehr köstlichen fassgereiften Ultra Starkbieren. Sie fragen sich jetzt bestimmt: Mit welchen Folgen? Denn anders als bei der Weinverkostung spuckt man bei der Bierverkostung nicht aus. Schließlich gilt es, den »Körper« des Biers im Abgang zu bewerten, seine Vollmundigkeit, sein Hopfenaroma. Biere verkosten bedeutet: Schlucken. Auch bei Starkbieren.

Natürlich passierte damals in Stefans Strong-Beer-Gang ausgerechnet das, was kürzlich in Abrede gestellt wurde. In der Pressmitteilung des European Beer Star vom September 2018 betonte der Hauptgeschäftsführer des veranstaltenden Vereins Private Brauereien Bayern e. V.: »Mehr als 2–3 Halbe trinken unsere Juroren über den Tag verteilt bei der Verkostung sicher nicht.«

Das mag für Lager-Pils-Export-Gruppen gelten. Wir aber »mussten« Elixiere verkosten, die man nicht gerne zurückgibt. Spätestens in der Finalrunde der fassgereiften Ultra Strongs standen keine Nieten mehr auf dem Tisch. Statt genippt wurde gekippt, unser Job wurde immer erfrischender. Ein Braumeister aus Mexiko musste im Laufe des Nachmittags als erster für seine Leistung Tribut zollen. Ein Witz, vermutlich von Stefan, und es war um ihn geschehen. Unser mexikanischer Freund konnte sich zwanzig Minuten lang nicht mehr einkriegen (ähnlich einem Lachflash beim Kiffen). Die Doemens Akademie, in deren seriösen Räumlichkeiten die jährliche Bierverkostung stattfindet, war erfüllt von verräterischen Tönen.

Seither ist auch mein guter Ruf dahin. Mitfühlende Jurykollegen aus den Pils-, Light-, Lager- und Alkoholfrei-Gruppen kamen während der folgenden Pausen vorbei, erkundigten sich nach unserem Wohlergehen und fragten, was denn bei uns los gewesen sei. Nicht viel. Wir hatten nur stramm gearbeitet.

Irrungen, Wirrungen

Im Anfang war die Misshandlung der Weißwurst. Georg Schneider, Chef der bayerischen Weißbierbrauerei Schneider, sah auf einem amerikanischen Oktoberfest einem Mann beim Grillen zu. Auf dem Rost lagen Weißwürste. Schneider nutzte diesen Tatbestand, um mit dem Mann am Grill ein Wörtchen zu reden. Es handelte sich um Garrett Oliver von der Brooklyn Brewery. Von Georg Schneider erhielt der New Yorker Braumeister eine Lektion in Sachen Artenschutz: Er erfuhr, wie man mit Bayerischen Weißwürsten umzugehen hat. Anders als mit Thüringern.

Darauf trank man einige Biere. Am Ende verabredeten sich die beiden zu einem baldigen Treffen in Schneiders Brauerei – es sollte zum Schlüsselereignis werden, das diesseits des Atlantiks die Craftbier-Welle lostrat.

Im Frühjahr 2007 trifft Garrett Oliver im niederbayerischen Kelheim ein. Schneiders Braumeister Hans-Peter Drexler empfängt ihn. Dann stellen sich die beiden Vertreter der Neuen und der Alten Welt gemeinsam an den Braukessel und beginnen einen der damals noch seltenen »Collaboration Brews« anzufertigen. Sie wollen ein ungewöhnliches Bier wagen. Eines, das es noch nie gegeben hat: einen deftigen Weizenbock, gewürzt wie ein neuzeitliches kräftiges amerikanisches IPA.

Der Sud gelingt. »Hopfenweiße« nennen die Brauer die verstörende panatlantische Mixtur. Da traditionelle Weißbiertrinker den Hopfen nicht so gewohnt sind, ist die Kreation erst einmal für den amerikanischen Markt bestimmt. Dem deutschen Publikum, so glaubt der Brauereichef Georg Schneider damals noch, sei so was zu diesem Zeitpunkt nicht zuzumuten.

Dies ändert sich bald. Heute ist die Hopfenweiße eine Ikone und in Schneiders deutschem Sortiment ein Dauerbrenner. Allerdings immer noch ein ungewöhnlicher: »Die Hopfenweiße liebt man oder hasst man, dazwischen gibt's nichts«, sagt Schneider.

Die heftigen Reaktionen wiederholen sich bei späteren Kreationen. Denn schnell lassen die europäischen Craftbier-Brauer beim Einsatz neuer Aromahopfensorten alle Hemmungen fallen. Sie kombinieren Stile, tüfteln mit Gewürzen. Der ideelle Input aus Übersee macht das Traditionsgetränk Bier zum Experimentierfeld.

Das liegt auch daran, dass nicht mehr nur diplomierte Braumeister und Getränketechnologen von der Technischen Universität München in Weihenstephan – sorgfältig geschult in Sachen Wohldosierung – an den deutschen Sudkesseln stehen. Zunehmend probieren Laien aus, was sich auf der Basis von Wasser, Malz, Hopfen und Hefe bewerkstelligen lässt. Die Quereinsteiger schreddern alle Denkblockaden und bescheren den Konsumenten wilde Mischungen. Manche überraschen bloß. Andere sorgen für Glücksmomente, Grenzerfahrungen, Kopfschütteln – oder bares Entsetzen.

Allein was in Hamburg auf den Markt kommt, macht

schwindlig. Beim Versuch, mich intensiv durchs Bierschaffen meiner Heimatstadt zu trinken, komme ich mit unterschiedlichsten Stoffen in Berührung. Ich trinke Hafer, Roggen und Reis, Koriander, Himbeersaft, Gurke und Salz. Ich lerne zwei Dutzend Hopfensorten kennen. Ich schlürfe Rotbier, Weißbier, Schwarzbier, Brown Ale und Grüngehopftes. Ich erweitere mein Bewusstsein mit Zwölfprozentigem und trinke das weltbeste Alkoholfreie.

Letzteres braut Oliver Wesseloh. Seine Kehrwieder Kreativbrauerei ist eine Art Think Tank der Bewegung. Wesseloh erfand mit dem Prototyp nicht nur das Lagerbier neu, indem er es kalt hopfte und ihm so die Fruchtigkeit eines amerikanischen Pale Ales verpasste, er schuf auch mit dem »ü.NN« (überNormalNull) das erste alkoholfreie IPA. Dieses holte als bestes obergäriges Alkoholfreies Gold beim European Beer Star 2018. Mit der »Elbe Gose« (einem Sauerbier) brachte Kehrwieder auch einen vergessenen Bierstil in den hohen Norden. Was eine Gose – ursprünglich nach der Stadt Goslar benannt – zur sauren Überraschung macht, ist die zweite Gärung. Nach der Hefe agieren Milchsäurebakterien in der Flasche.

Ebenfalls zu Deutschlands Besten im Sudhaus gehört Simon Siemsglüss. Seine kleine Brauerei Buddelship produziert einige moderne Klassiker, von denen sich mit Inbrunst behaupten lässt: schwierig zu toppen. Zu diesen Meisterwerken gehören das Schwarzbier (»Kohlentrimmer«), das Baltic Porter (»Gotland 1394«), das Pils (»Mitschnagger«) und das India Pale

Ale (»Great Escape«). Beim Weißbier hat sich Siemsglüss mit zeitlichem Abstand sachte auf Georg Schneiders Spuren begeben, als er eine Variante zu dessen polarisierender Hopfenweißen schuf. Der »Blanke Hans« aus Hamburg ist nicht ansatzweise so fett wie der Collaboration-Bock aus New York und Bayern, sondern rank und schlank.

Die Landgang-Brauerei, ebenfalls in Hamburg, braut in einer topmodernen Brauerei kaum einen Sud ohne Ecken und Kanten. Landgang hieß mal Hopper Bräu. Sie musste den Namen ändern – es gab schon Hoppe Bräu, eine großartige Brauerei, die ihren Bieren kräftige Namen aus der Eingeborenensprache verpasst: Wuida Hund, Wuide Hehna, Vogelwuid, Wuidsau, Fuchsteufelwuid. Mit der »Dunklen Macht« versucht Landgang sich am nahrhaften Typus Porter, einem der beliebtesten Bierstile der Craft Brewer. Sie verwandelt das einstige Arbeiterbier in einen sinnlich herben Trunk: getorftes Malz sorgt für eine rauchige Variante.

Die Biobrauerei Wildwuchs wiederum zeichnet sich durch kühne Verbindungen von Stärke und Frische aus: Wie schon Kehrwieder beim »Prototyp« gibt auch Wildwuchs-Braumeister Fiete Matthies für seinen »Bock Orange« den Aromahopfen Mandarina Bavaria erst nach der Hauptvergärung dazu. So paart er die alkoholische Schwere mit der Frische von Obst, und explosionsartig breitet sich beim Schlucken am Gaumen die Fruchtigkeit aus. In der Hitparade der originellsten Namen hat Wildwuchs sowieso einen Platz sicher. Matthies nennt sein Rauchbier »Alt Kanzler«. Ausnahmsweise ziert hier nicht das Konterfei des etwas selbstverliebten Braumeisters die Etiketten, sondern stilisiert der weltberühmte qualmende Herr mit Scheitel.

Natürlich passiert es in schöpferischen Prozessen immer wieder, dass sich ein Kreativer zu viel vornimmt. »Gose Morning Vietnam« ist so ein mutiger, aber missglückter Versuch. Die saure Gose der Brauerei Bunthaus ist mit Limette, Zitronengras und Koriander gebraut. So weit, so konventionell. Doch aufgrund einschlägiger Asienreiseerfahrungen hatte der Braumeister die spektakuläre Idee, das stiltypische Salz durch vietnamesische Fischsauce zu ersetzen. Als Gegengewicht zur Säure. Das Resultat ist speziell.

Im Idealfall aber münden Erfahrungen mit Extravagantem in einen gekonnten Umgang mit der eigenen Kreativität. Als ich mir kürzlich an einem langen, abwechslungsreichen Abend die jüngsten Hamburger Kreationen einverleibte, überraschte Bunthaus erneut mit einer verrückt anmutenden Kreation – diesmal ein geglückter Versuch. In einer Kollaboration mit Buddelship ist ein bierartiger Whiskey Sour entstanden: ein Cream Ale aus dem Bourbonfass plus ein zitronengestopftes Sour Ale. Die Inhalte der beiden kleinen Flaschen muss man – wie von den Brauern angeraten – unbedingt mischen. Der Biercocktail, der dabei rumkommt, ist genauso frisch wie richtig schön fett. Spannender als Caipi, Mojito und Whisky (oder irisch: Whiskey) Sour zusammen.

Schließlich gibt es noch ein Projekt, an dem gleich die halbe Hamburger Craftbier-Szene beteiligt ist. Die Tradition des »Senatsbock« stammt aus der Nachkriegszeit. In den 1950er Jahren verabredeten sich fünf Brauereien jeweils gegen Ende des Jahres und brauten gemeinsam ein Bockbier. Im Januar wurden die Fässer mit viel Brimborium und im Beisein trinkfreudiger Würdenträger angestochen, um Hamburgs fünfte Jahreszeit einzuläuten – die Bockbiersaison.

Wiederum fünf Brauereien nahmen die Tradition 2015 erneut auf. Sie brauten gemeinsam einen Doppelbock und feierten das Resultat mit viel Prominenz beim Senatsbockanstich, der seither wieder jährlich stattfindet (und nicht ungefährlich ist für den interessierten Besucher). 2018 kamen drei weitere Brauereien hinzu. Die Resultate unterscheiden sich, weil jede ihrer Version einen eigenen Stempel aufdrückt. Das cremige, sanft bittere Starkbier schmeckt mal öliger, mal rauchiger.

Für Hamburg ist das eine erfreuliche Nachricht. Man muss nämlich bedenken, was hier los war. Im dunklen Zeitalter der Massenverpilsung, also den 1970er und 1980er Jahren, ging vergessen, dass die Stadt eine ruhmreiche Biervergangenheit hinter sich hat. Bis Anfang des 20. Jahrhunderts wurden an der Elbe riesige Mengen IPA gebraut. Mit dem Hafen besaß die Stadt die optimale Infrastruktur, um Rohstoffe anzuliefern, Bier zu brauen und dieses anschließend in die Welt hinaus zu verfrachten. Noch früher, bereits im Mittelalter, war Hamburg die Biermetropole Europas. 527 Brauereien produzierten um 1542 das Hundertfache des bayerischen Gesamtausstoßes. Die Stadt lebte vom Bierexport – sie bestritt damit 60 Prozent ihres Außenhandels.

Der Süden hinkte dem Norden nicht nur mengenmäßig jahrhundertelang hinterher. Hamburgs innovative Brauer gehörten zu den ersten, die keine Früchte des Gagelstrauchs mehr beimischten, sondern das Bier mit Hopfen würzten und haltbar machten – Voraussetzung für den Export in Fässern. Am meisten ärgert die heutigen Bayern allerdings, dass die Fischköpfe sogar bei »ihrem« Weißbier die Nase vorn hatten. Im Süden tranken sie noch schlechten Wein und Birnenmost, als die Hamburger ab 1374 aus Gersten- und Weizenmalz ihr Hamburger Weißbier brauten. Als sogenanntes »Schiffsbier« wurde es später weltberühmt. Die Fässer reisten nach Skandinavien, Russland oder Indien (und machten unterwegs schon die Seeleute glücklich).

Von der großen Brautradition Hamburgs war Ende der 1980er Jahre so wenig übriggeblieben, dass die große Zeit der Bierdusche anbrach. Der FC St. Pauli stieg zum zweiten Mal in die 1. Bundesliga auf, und dem Hamburger SV ging es besser als heute. Fliegendes Pils wurde zum stilprägenden Ausdruck der Euphorie. Der erbärmliche Zustand der Stadionbiere (Astra auf St. Pauli, Holsten beim HSV) beförderte diesen Trend – blumiges Pils wäre ausgetrunken worden. Das sieht man daran, dass es in Bochum kaum Bierduschen gibt; dort dürfen die Fans das Pils von Moritz Fiege trinken. Nur wer nicht mehr trinken kann, schmeißt so ein Champions-League-würdiges Kaltgetränk gen Himmel.

In Hamburg kamen die Stadionbesucher erst nach einem Spielabbruch (in der Partie gegen Schalke traf es einen Linienrichter) und mit der Einführung des Pfandbechers vom Bierregen langsam in die Traufe. Ganz vorbei wird es mit den Duschen aber wohl erst sein, wenn der Kiezclub am Millerntor endlich seinen Zulieferer wechselt. Hamburger Alternativen gäbe es zuhauf. Seit die Amerikaner dem IPA wieder Leben einhauchten und es als Botschafter der neuen Zeit ostwärts über den Atlantik schickten, hat die Craftbier-Bewegung die Hansestadt in Rekordzeit aus dem Tiefschlaf geholt. Ratsherrn als etwas größere Brauerei und mit ihr die Kleinen Kehrwieder, Buddelship, Landgang, Überquell und Wildwuchs haben in der einstigen Pilshölle in nur zehn Jahren eine Situation geschaffen, in der man sich wieder mit Herzensfreude komplett lokal betrinkt.

Andere Städte freuen sich natürlich ebenso. Der Fairness halber räume ich ein, dass sich auch in der Hauptstadt etwas tut. Berlin hat immerhin BRLO, Rollberg oder die kleine großartige Brauerei Lemke, die schon 1999 da war – aber damals noch zu früh. Erst nach der Jahrtausendwende akzeptierte der Zeitgeist fruchtige IPAs. Zum Glück versuchte es Oliver Lemke 2011 erneut. Heute wird er gefeiert. Seine Biere (die vor zwanzig Jahren kaum einer trinken wollte) holen sich Auszeichnungen. Beim European Beer Star 2018 heimste Lemke als eine der erfolgreichsten Brauereien des Wettbewerbs einen kompletten Medaillensatz ein: Gold für sein »Spree Coast IPA«, Silber für die »Himbeer Weiße« und Bronze für das »Imperial Stout Barrel Blend«.

Bonn hat Ale-Mania. Hannover hat Mashsee. München hat Tilmans (der den Münchnern zeigt, wie Helles auch schmecken kann). Neben den Neuen erwischt auch manch traditioneller Betrieb den Abzweig in die Moderne. Uerige in Düsseldorf braut seit mehr als 150 Jahren Altbier. Die Brauerei wird das noch jahrhundertlang weiter tun. Für den amerikanischen Markt allerdings produziert Uerige ein Extrastark-Bier namens »Doppel-Sticke«, mit Hopfenaroma satt, kuscheligen Schokoladentönen und ordentlichen siebeneinhalb Prozent Ethanol. Und immer im Herbst erhält das »normale« karamellige Starkbier namens »Sticke« eine Frischzellenkur verpasst: Dann kommt eine frische Ladung Hopfendolden der Sorte Hersbrucker Spät direkt vom Feld aus der Hallertau nach Düsseldorf. Die Sticke wird zum »Jrön« – niederrheinisch für »grün« – und schmeckt abgefahren nach Blumenwiese.

Besonders argwöhnisch wurden die neuen Kreativen dort beäugt, wo Biertraditionen so heilig sind wie Oster- und Pfingstfest zusammen – in Franken. Trotzdem passiert sogar in und um Bamberg, wo die Dichte an traditionellen Brauereien noch immer sehr hoch ist, viel Neues. Die Brüder Oswald und Roland Kundmüller haben ihre Brauerei mit Gasthof in Viereth-Trunstadt – seit 1782 in Familienbesitz – zu einer der erfolgreichsten in Deutschland gemacht. Sie heimsen ihre Medaillensätze bei den World Beer Awards, beim European Beer Star oder bei den Meininger's Craft Beer Awards nicht etwa nur mit den traditionellen Sorten Pils, Lager, Weizen oder Rauchbier ein, sondern auch mit kühnem fränkisch-amerikanischem Imperial IPA oder einem modernen, fassgereiften Bock im Bourbon Style.

Für die komplett neue Frankengeneration steht das

Kronprinz in Bamberg. Das Braulokal hat sich auf die Fahnen geschrieben, nach ältester Tradition zu besten Bieren auch beste Brote aufzutischen. Bis in die Anfangsepochen des Bierzeitalters vor 10 000 Jahren schlagen die Kronprinzler den Bogen, um darzulegen, dass Brot und Bier seit Äonen eine gemeinsame Geschichte haben: Damals lagerten im Zweistromland Brotlaibe in Tontöpfen; wenn es dort hineinregnete, setzte die Gärung ein; fortan labten sich die Sumerer am flüssigen Brot.

Mit dieser Erinnerung an präantike Regenbiere in Mesopotamien hat Tobias Seidel, der Braumeister im Kronprinz, der Tradition allerdings schon Genüge getan. Steht der 29-Jährige nämlich am Braukessel – nach eigenen Angaben »stolz auf das Reinheitsgebot«, an das er sich meistens noch hält –, probiert er alles aus, was das moderne Leben an Input hergibt. Wenn er auf Reisen etwas entdeckt, ihm eine Spinnerei durch den Kopf geht: Es kommt womöglich als Idee in den Sud. Als er sich in Elternzeit mit Frau und Kind auf und davon machte, erst nach Südamerika und schließlich nach Australien, da begegnete ihm in einem Vorort von Sydney ein besonderes Bier. Zum Glück stand das Rezept auf der Quittung. Zu Hause braute er es ungefähr nach, und da jener Vorort von Sydney so einen wohlklingenden Namen hatte, wusste er auch sofort, wie das tropisch-fruchtige, mit sechs verschiedenen Hopfen gewürzte IPA heißen musste: »Woolloomooloo«.

Seidel, man muss es sagen, ist ein besonders verrückter Kreativer mit unendlichem Spaß am Brauen. Zum Glück versteht er es, seine mitunter wagemutigen Experimente gekonnt auszutarieren. Viele seiner Schöpfungen haben lustige Namen: Mit hellem Malz hat er ein »weißes« Rauchbier gebraut – das »Habemus Papam«. Als sein Sohn Samu auf die Welt kam, rührte er umgehend ein Babybier mit 7,2 Umdrehungen an – ein Roggen Pale Ale namens »Samu Rye«. Und als seine Norwegische Waldkatze überfahren wurde, bewältigte er die Trauer mit einem Tribute-Bier zu Ehren von Kater Jack – dem mittlerweile preisgekrönten Double IPA »Hoppy Jack«.

Das Treiben der Craft Brewer in Deutschland ist bunt. Dabei mischen auch einige etablierte Großbrauereien mit. Die Radeberger Gruppe stieg früh in den damals noch kleinen Craftbier-Markt ein. 2010 gründete sie die Firma Braufactum. Seither stehen in Deutschland schmucke schwarze Kühlschränke bei Karstadt und Co, randvoll mit Köstlichkeiten, mehrheitlich aus dem eigenen Stall. Neben vielen Hochtourigen ein besonders Erfrischendes: »Colonia«, eines der besten Summer Ales weit und breit.

Man sollte sich jedoch, wenn man sich all die schönen Kreativitätsschübe der modernen Brauer vor Augen führt, nicht zu besoffen machen lassen. Was die Vielfalt erhöht und nach Kreativität aussieht, ist oft von überschaubarer Raffinesse. Beck's oder Holsten haben ebenfalls firmenintern Craft-Abteilungen geschaffen. Deren Sude haben mich bislang fast ausnahmslos enttäuscht.

Qualität ist jedoch nur ein Faktor mit beschränktem Einfluss. Brauereien denken sich alles Mögliche aus, um dort sichtbar zu sein, wo das Marketing heute tanzt: in den sozialen Medien. Ihre Einfälle funktionieren dabei alle nach dem Rezept »Auffallen um jeden Preis« – egal, ob mit Flascheninhalt, Außenverkleidung oder einer Inszenierung, die nichts mit Bier zu tun hat.

Zwei Marken zelebrieren dieses postmoderne Prinzip bis zum Exzess: Mikkeller aus Dänemark und BrewDog aus Schottland. Mikkel Borg Bjergsø unterrichtete noch immer Mathematik und Physik an einem Kopenhagener Gymnasium, als er in seiner Küche mit Tüfteln begann und schließlich das Braubusiness enterte. Seit 2006 hat er rund 700 Biere kreiert, ohne eine eigene Brauerei zu besitzen. Bjergsø lässt seine Mikkellers von erfahrenen Fachleuten herstellen und gehört deshalb zu den sogenannten Gypsy-Brauern: Er selbst steuert die Idee und eine Zutatenliste bei. Die Brauer sehen zu, wie sie daraus ein Bier zusammenbrauen können. In der Szene der Bierhipster gilt der Däne als Gipfel der Kreativität, weil es dank ihm Biere mit den Inhaltsstoffen Popcorn, Marshmallow, Tiefkühlpizza und Geldscheine zu trinken gibt.

Bewunderung erarbeitete sich Bjergsø auch, weil er so viel Hopfen in einen Sud schütten ließ, bis er verkünden durfte, das erste Bier der Welt mit 1 000 Bittereinheiten geschaffen zu haben. Dass geschmacklich zwischen 100 und 1 000 IBU kein Unterschied festzustellen ist: Von solchen Details lässt sich ein Genie nicht bremsen. Die Firma Mikkeller eröffnet eine Bar nach der anderen. Der Guru selbst ist bei einem schöpferischen Output von 150 neuen Bieren pro Jahr angelangt. Bald wird es schwierig werden, eine hippe Brauerei zu finden, die noch kein Kollaborationsbier mit Mikkeller gebastelt hat.

An Bjergsøs Großspurigkeit kommen nur zwei Schotten heran. Den millioneschweren BrewDog-Gründern James Watt und Martin Dickie wird bis heute nachgesagt, sie seien Punks. Immerhin haben sie wild angefangen, sich mit Crowdfunding eine Brauerei besorgt, ein »Punk IPA« gebraut und ein überschaubar komplexes Motto in die Welt gesetzt: »Beer for Punks« (die sich nur der Postpunk leisten kann). Sie schaffen es immer wieder, Aktionen zu starten, um die TV-Sender nicht herumkommen. Auf die Eröffnung einer BrewDog-Bar machten sie aufmerksam, indem sie kurz vor Weihnachten mit einem Panzer durch London fuhren. Im Hinblick auf die Olympischen Spiele in London brauten sie »Never Mind the Anabolics« – mit Substanzen, die auf der Dopingliste stehen. Kurz vor den Spielen in Sotschi brachten sie »Hello, My Name is Vladimir« auf den Markt. Auf dem Etikett ein schrill geschminkter Putin.

Das größte Aufsehen verursachten sie, als sie sich mit dem fränkischen Starkbierspezialisten Georg Tscheuschner auf den unterhaltsamen Wettbewerb um das weltstärkste Bier einließen. 2009 hatte der Besitzer von Schorschbräu die Jagd nach dem alkoholischen Spitzenwert eröffnet. Weil er wusste, dass mit normaler Vergärung die Hefen spätestens ab 15 Volumenprozent abschlaffen und nicht mehr weitervergären, wandte er die Eisbock-Methode an. Dabei wird Starkbier abgekühlt. Die Wasseranteile im Bier gefrieren schneller als der Alkohol, sie bilden Eiskristalle und können herausgefiltert werden. Übrig bleibt ein hochprozentiges Bockbierkonzentrat von öliger Konsistenz. So schuf Tscheuschner einen Eisbock mit bemerkenswerten 31 Volumenprozent Alkohol.

Noch im selben Jahr füllt BrewDog ein in Whiskyfässern gereiftes Imperial Stout in Flaschen ab. »Tactical Nuclear Penguin« hat 32 Prozent. Tscheuschner kontert mit dem Schorschbock 40. Erneut kann er den Titel »Stärkstes Bier der Welt« nicht lange halten. Die Schotten antworten, indem sie eine ironische, politisch inkorrekte Kriegserklärung an den Rivalen nach Deutschland schicken: Die Tinktur mit 41 Volumenprozent heißt »Sink the Bismarck«. Die Bismarck war ein deutsches Schlachtschiff – 1941 von der britischen Royal Navy im Atlantik versenkt.

Der Krieg geht weiter. Schorschbräu schießt mit 43 Prozent zurück. Als BrewDog im Jahr 2011 ein Bier mit unglaublichen 55 Umdrehungen schafft, dreht die Brauerei so verrückt am Marketing-Rad, wie es zuvor keine Konkurrentin je getan hat. Das nicht nur stärkste, sondern auch teuerste Bier der Welt gibt es in einer extrem limitierten Sonderedition von zwölf Exemplaren. Fünf Rationen »End of History« wurden in (pfandfreie) ausgestopfte Eichhörnchen abgefüllt – 840 Euro pro Stück. Die sieben, in tote Hermeline eingepackten Flaschen sind etwas günstiger, sie kosten nur 600 Euro. Natürlich machen ihnen Tierschützer den Gefallen und erhöhen die Aufmerksamkeit. Sie schreien »Skandal«, andere interpretieren das »End of History« als Ausdruck reiner Dekadenz. Darauf haben Watt und Dickie von BrewDog nur gewartet. Alle zwölf Exemplare, erklären sie empathisch, seien bei Verkehrsunfällen totgefahren worden – also alles ethisch korrekt. Auch diese Rechtfertigung provoziert vorbildlich.

Danach zieht sich BrewDog aus dem Wettbewerb zurück. Georg Tscheuschner aber ist noch nicht am Limit. Er kühlt seinen Eisbock auf minus 60 Grad Celsius runter und zieht so viel Eis heraus, dass am Ende eine Essenz mit 57,7 Volumenprozent Alkohol übrigblieb, der »Schorschbock 57«.

Seine Bomben zimmert Tscheuschner stramm nach dem deutschen Reinheitsgebot. Als ab 2012 zwei neue Kontrahenten mitzuspielen beginnen und die Rekordmarke schnell in extreme Höhen klettert, kommen Zweifel auf, ob noch alles mit rechten Dingen zugeht. »Start the Future« von der niederländischen Brauerei 't Koelschip trumpft mit 60 Umdrehungen auf. Die Brauerei Brewmeister aus Schottland jagt ihr mit »Armageddon« (65 Volumenprozent) den Titel wieder ab. Sie steigert sich selbst mit Snake Venom auf 67 Prozent, worauf 't Koelschip zurückschlägt: »Mistery of Beer« schafft 70 Prozent.

Doch viele Experten glauben längst nicht mehr an die Echtheit der Biere, die sogar hochprozentige Destillate in den Schatten stellen, und verlangen eine Untersuchung. Tatsächlich ergeben Analysen: Die Schotten von Brewmeister haben mit Reinalkohol, die Niederländer von 't Koelschip mit Rohwhisky nachgeholfen. Schorschbräu allerdings ist nach bisherigem Wissen stets sauber geblieben. Die Mikrobrauerei bleibt damit bei den Stärkstbieren mit dem Schorschbock 57 das Maß aller Dinge.

Es war natürlich abzusehen, dass mit den Freaks, den

Punks, den Hipsters und den Geeks der Bierkultur die Behäbigkeit abhandenkommt. Trotzdem wünscht man sich in diesem Zirkus manchmal unaufgeregtere Momente zurück. Das Überschwappen der Craftbier-Bewegung nach Europa hat nicht nur dazu geführt, dass Biersommeliers wie Pilze aus dem Boden schießen. Noch auffälliger sind die Schwärme von Hobbysachverständigen an den normalen Tresen. Wem es gelingt, Hopfen von Malz zu unterscheiden, fühlt sich nun plötzlich befähigt, ungefragt die einzelnen Objekte einer kompletten Früchtepalette aufzusagen, wenn er im IPA aromatische Moleküle eines bestimmten Hopfens aufgespürt zu haben glaubt: Cassisgeschmack? Dafür sorgt der Centennial! Maracuja und Litschi kommen vom Simcoe. Zitrusfrüchte? Bestimmt Citra. Pfirsich kommt vom Amarillo. Und den Geschmack »Mentol-Lutschbonbon« verdankt das Bier der deutschen Neuzüchtung Polaris. Ich kann jedem empfehlen, bei Beyond Beer, meinem Hamburger Bierladen um die Ecke, diskret die Kundschaft zu belauschen. Sie trinkt dort am Feierabend Innovatives »On Tap«. Früher hieß das einfach Fassbier. Sind die Proben ausgeschenkt, graben sich die Nasen zum Schnuppern tief ins Glas hinein. Danach geht der Blick steil nach oben. Es folgen blumige Beschreibungen. Ein erster Schluck. Dann wieder all die Früchte.

Kürzlich stand dort eine Gruppe Mittdreißiger, drei Männer, zwei Frauen. Offenbar Fortgeschrittene. Die finnischen, norwegischen, estnischen, schottischen Sorten kannten sie schon. Eine der Frauen war gerade in Amerika gewesen, Sierra Nevada und so. Sie besprachen die Gestaltung neuer Dosen, ließen teure halbvolle Gläser zurückgehen. Sie wussten, mit wem Mikkeller als nächstes einen »CollabBrew« einbrauen würde. Und sie kannten die lateinischen Namen bestimmter Schlauchpilze, deren gestalterischer Ausdruck in einem belgischen Dubbel wortreich von ihnen erläutert wurde. Erstaunlich, was ein Hauch Hefe aus einem Menschen machen kann.

Bin ich genauso? Ein paar Mal, befürchte ich, habe ich ein wenig zu sehr herumsalbadert. Mein Freund Marc bestreitet das. Was ich erzählt habe, sei »interessant« gewesen. Trinkgenuss verleitet offenbar dazu, die Umwelt an Erkenntnisgewinnen teilhaben zu lassen. Ich könnte als Entschuldigung anbringen, dass ich als Experte um Expertisen gebeten werde. Aber da merken Sie beim Lesen sofort, wie halbverlogen das hingeschrieben ist. »Expertisen« von Biertrinkern werden zu 90 Prozent unverlangt abgegeben. In dieser Hinsicht unterscheidet sich der Typus Bierexperte weder vom Wein- noch vom Gin-, Rum- und dem modernen Korntrinker.

Eine meiner ersten Einsichten auf dem Weg ins Kennertum war natürlich: Biere gilt es in bestimmte Gläser zu schütten. Form, Stärke und Rand beeinflussen, wie das Gehirn die typischen Aromen einer Sorte interpretiert. Sensorisch versierte Zeitgenossen bläuten mir das ein. In der Folge schob ich sogar zu Hause meine geliebten Uraltgläser aus der früheren Heimat – klassische Willibecher mit dem Logo der Zürcher Brauerei Turbinenbräu – im Schrank immer weiter nach hinten. Ich legte mir eine kleine Auswahl von Spezialgläsern zu.

Die stellte ich ganz vorne hin. Und wenn mehr Gäste als Spezialgläser da waren, griff ich eher zu den Weingläsern, als dass ich ein blumig gehopftes IPA, ein New Style Saison oder ein dunkles belgisches Stark-Ale in den ordinären Trinkbehältern meiner letzten Jugendjahre aufgetischt hätte.

Ich machte das Biertrinken Schritt für Schritt komplizierter. Achtete auf die Ausschenktemperaturen, von denen es früher nur eine gab, sie hieß »kalt«. Die Sortenanzahl habe ich massiv erhöht. Früher war Pils im Kühlschrank, manchmal noch ein Schwarzbier oder ein dunkles Weizen von Unertl (für den Fall, dass Klaus, mein Nachbar von unten, zu Besuch käme). Heute schauen mich zwischen Joghurtbechern und Wurstscheiben immer noch Pilsbiere an. Daneben aber stehen grüngehopfte Festbiere, kräftige Barley Wines, Extra Brut IPAs, baltische Porters und irische Dry Stouts – was mich in Konkurrenz zu den übrigen Familienmitgliedern und deren Vorlieben zu Kaltgetränken bringt.

Aber ich bin gelandet, bevor ich richtig abgehoben habe. Meine Freunde dürfen sich künftig sicher fühlen, dass ich nie mehr salbadern werde. Bei den vielen Sorten im viel zu kleinen Kühlschrank wird es bleiben – schließlich gibt es jeweils passende Biere für den Feierabend, den Aperitif, die Vorspeise, den Hauptgang, das Dessert und das lange Absacken danach. Die Willibecher aber, sie stehen jetzt wieder ganz vorne im Gläserschrank, griffbereit. Obwohl diese Behälter vom heftigen Gebrauch und den Spühlmaschinenreinigungen längst blind geworden sind, trinke ich mit wiedergewonnener Überzeugung aus ihnen. Eine Art Statement. Es lebe die Einfachheit des Biertrinkens!

Für meine Läuterung ist ein lapidares Ereignis verantwortlich, das mich davor warnte, im hyperventilierenden Craftbier-Zirkus in die Rolle eines Clowns zu schlüpfen. Ausgerechnet beim Trinken, so wurde mir bewusst, war mir die Lockerheit zusehends abhandengekommen. Das bemerkte ich in dem Moment, als ich Kehrwieder-Kreativbrauer Oliver Wesseloh besuchte und er mir kein Glas anbot. Wesseloh stellte die geöffnete Bierflasche vor meiner Nase auf den Tisch, hebelte mit seinem Fingerring den Kronkorken von der zweiten Flasche und prostete mir zu. Kein Einschenken. Ich sollte Flaschenbier einfach aus der Flasche trinken. Und das ausgerechnet mit ihm!

Natürlich muss ich ein wenig mehr darüber verraten, wer dieser Mann ist. Wesseloh betreibt die wunderbare Kehrwieder Kreativbrauerei zusammen mit seiner Frau Julia. Er selbst fällt auf: die Haare lang und den Bart so geschnitten, dass er aussieht wie Jeff Bridges als der Dude in »The Big Lebowski«. Es gibt einen zuverlässigen Hinweis darauf, dass Wesseloh das selbst auch schon bemerkt hat: Weil es offenbar Schlimmeres gibt, als wie Jeff Bridges und der Dude auszusehen, hat er El Duderino gebraut. El Duderino als Bier zu bezeichnen ist korrekt, aber untertrieben. Allein die Stilbezeichnung lässt erahnen, was für einen Kraftmeier der Chef da unbescheiden als bieriges Alter Ego in Flaschen gefüllt hat: ein Russian Imperial Milk Coffee Stout. Ich verzichte an dieser Stelle darauf, Charakter und Einzelteile dieses preisgekrönten Elixiers (Gold International Craft Beer Awards 2018) im Detail psychoanalytisch zu erläutern. Nur so viel: Es ist selbstverständlich ungefiltert.

Als Braumeister sorgte Oliver Wesseloh in den vergangenen Jahren nicht nur mit exquisiten Bieren für Aufsehen, er feierte 2013 auch einen Weltmeistertitel. In München wurde er Champion der Biersommeliers. Das Finale gewann er, indem er der Jury wortreich von der Erweiterung des Horizonts beim Trinken eines Double Jack der kalifornischen Brauerei Firestone Walker erzählte. Dieses Double IPA ist bärenstark (9,5 Volumenprozent Alkohol), extrem bitter (100 Bittereinheiten) und unglaublich aromatisch. Sechs nordamerikanische Hopfensorten mischen beim Feuerwerk mit: Warrior, Columbus, Cascade, Centennial, Amarillo und Simcoe. Da wusste Wesseloh, der seine Lehr- und Wanderjahre zu einem großen Teil in US-amerikanischen Craft Breweries verbracht hat, viel zu erzählen. Von Orangen-, Maracuja- und Grapefruitaromen im Antrunk, von der Rezenz des Firestoneschen Double Jack und den nachhaltigen herben Hopfennoten im Abgang.

Diesen Oliver Wesseloh suchte ich also eines Tages heim. Und da ich wusste, wie eloquent er Feinheiten in den Düften, Geschmäckern, Farbnuancen und in der Schaumbeschaffenheit von Bieren unterschiedlichster Stile darzustellen versteht, erwartete ich, als ich mich setzte und er mir zur Begrüßung sein Blonde Ale hinschob, zwar nicht gleich einen langen Vortrag, aber ein wenig Expertise.

Auf keinen Fall rechnete ich damit, dass ein fortgeschrittener Biergott wie er mir die Pulle entgegenhalten und anbieten würde, das Blonde Ale statt aus dem extra dünnwandigen Glas »Nummer 6« von Spiegelau zu schlürfen einfach und ohne Umweg direkt in mich hinein zu kippen. Aus der Flasche.

Reflexartig drehte eine typische zeitgenössische Frage in meinem Kopf ihre Runden: Ist das bierpolitisch korrekt? Oder markiere ich in Gegenwart des Weltmeisters den Banausen, wenn ich mich auf sein bestimmt nicht ernst gemeintes Angebot einlasse, eine Flasche ins Gesicht zu stecken, in der ein Blond Ale auf mich wartet, das er, der preigekrönte Meister, sorgfältig und handwerklich mit Pilsner Malz, dunklem böhmischem Tennenmalz, Karamellmalz und Sauermalz gebraut hat, das mit den Sorten Tettnanger, Saazer, Cascade und Polaris gehopft ist und obergärig vergoren mit Nottingham-Hefe?

Wesseloh bemerkte meine Irritation und wohl auch das erleichternde Gefühl, das sich umgehend bei mir einstellte. Ich kann dieses Gefühl nicht präziser umreißen als »irgendwie so wie früher«. Als man auf Partys rumstand und ständig eine Flasche Bier in der einen Hand hielt; die zweite Hand brauchte man zum Reden oder für die Kippe (und noch nicht für das Smartphone). So wie damals, als ich noch aus Überzeugung an der Flasche nuckelte und diese Vorliebe mit der Trinktemperatur begründete. Einschenken, sprach ich damals physikalisch korrekt, wärmt das Bier, wer es erfrischend haben will, belässt es im kalten Gebinde.

Aber heute, in der schönen neuen Craftbier-Welt? Nicht mal eine Tulpe, Oliver? Tulpenförmige Gläser haben schließlich eine große Öffnung. »Intensive Entfaltung der Aromen«, habe ich darüber mal gelesen. Will dieser Braumeister etwa nicht, dass seine Aromen sich entfalten, Düfte in meine Nase steigen, sich das Bouquet erschließt? Er hätte zur Not ja ein IPA-Glas nehmen können. Einige erkennt man am hohlen gerippten Stiel. Der belüftet nämlich das Bier beim Einschenken, was beim Entfalten hilft. Der schmale Mundranddurchmesser leitet das Bier direkt zur Mitte des Gaumens hin – was wiederum die Süße des Trunks betont. Sam Calagione, eine Koryphäe der Craftbier-Szene (Brauer bei Dogfish Head) hat mal gesagt, dass der Oberteil des IPA-Glases so geformt sei, dass es bei jedem Schluck »zu einem Feuerwerk der Aromen in der Nase kommt«.

Aber sogar ein Oliver Wesseloh pfeift offenbar ab und zu auf das Feuerwerk. Er streckt mir seine Flasche entgegen und sagt Prost. »Ein Bier«, erklärt er mir, »sollte auch funktionieren, wenn man es aus der Flasche trinkt.« Nicht alle: Die belgischen Trappistenbiere oder die Starken aus den Holzfässern, die brauchen den Luftraum im Schwenker. Aber ein Pils, ein Ale, sogar ein trockenes Stout oder sein eigenes alkoholfreies IPA, findet er, sollte man auch einfach so »zwitschern« können.

»Zwitschern«! Das war das Wort, das mir besonders gut gefallen hat. Ich habe es viel zu lange nicht gehört.

Was bisher geschah

Was fand vor 11 500 Jahren wohl zuerst statt am Ort mit dem Namen »bauchiger Hügel« – das Zechen oder das Beten? Die Frage stellt sich, seit der deutsche Archäologe Klaus Schmidt von den 1990er-Jahren an auf dem Göbekli Tepe in Südostanatolien geheimnisvolle steinzeitliche Überreste freilegte: kreisförmige Anlagen mit gigantischen T-förmigen Pfeilern, bis zu sechs Meter hoch und 16 Tonnen schwer. Ziemlich einig sind sich die Wissenschaftler darüber, dass es sich um die weltweit ältesten bekannten Tempelanlagen handelt.

Was aber hat es mit den sechs wannenartigen Steinen auf sich, die sich zwischen den Pfeilern fanden? 2012 untersuchte Martin Zarnkow vom Forschungszentrum Weihenstephan der TU München Rückstände aus den seltsamen Steingefäßen. Er fand Calciumoxalat, umgangssprachlich bekannt als Bierstein – ein untrüglicher Hinweis darauf, dass auf dem heiligen Hügel Fermentationsprozesse stattgefunden haben. Damit bestätigte Zarnkow die Vermutung des Archäologen Schmidt: Bei den Wannen aus Stein handelt es sich um Würzepfannen, in denen sehr frühe Braumeister aus den Körnerfrüchten von Wildgräsern eine Art Bier brauten – 160 Liter Steinzeit-Ale pro Sud. Obendrein legen Unmengen von Tierknochen nahe, dass die Gottesdienste auf dem

»bauchigen Hügel« nicht sonderlich asketisch verliefen. Vielmehr scheinen üppige Fress- und Saufgelage ein integraler Bestandteil der religiösen Partys gewesen zu sein.

Kombinationen aus Andacht und Drogen kennt man aus allen Zeiten. Bewusstseinserweiternde Stoffe sind bewährte Katalysatoren religiöser Offenbarungen und Ekstasen. Inka-Priester brachten sich bei ihren Gottesdiensten einst mit vergorenem Fruchtsaft (und allerhand Pilzen) in Stimmung. Die alten Ägypter strebten mithilfe von Bier eine psychische Verwandlung an, schließlich bildete der Rausch in ihrer Mythologie eine Brücke zwischen Diesseits und Jenseits.

Was im Detail die erfolgreichen Bewusstseinserweiterungen auslöste, war den Menschen wohl nicht klar. Die Ursache für die alkoholische Wirkung schrieben sie daher denen zu, die sie in der Ekstase verehrten. Dieses typische Erklärungsmodell bei Wissensdefiziten zieht sich bis heute durch die Menschheitsgeschichte: Gott war's, ein Gott steckt dahinter. Seine Erfindung ist ein Geschenk an uns, so verstanden es früher die Menschen vieler Religionen. Im alten Ägypten sorgte Osiris, Herrscher im Totenreich, für dieses Geschenk, als er einen Getreidebrei in der Sonne stehen ließ, beim Probieren den eigentümlichen Geschmack bemerkte und fröhlich geworden seinen lieben irdischen Geschöpfen den frisch kreierten Cocktail nicht vorenthalten wollte.

Auch der germanische Erfinder des Biers, Gambrinus, kam nicht ohne himmlische Unterstützung aus. Der legendäre König musste erst Isis ehelichen, die ägyptische Göttin der Fruchtbarkeit, um an das Knowhow der

Braukunst zu gelangen. Die Liaison scheint sich gelohnt zu haben.

Wo immer Menschen im Altertum zechten, vergaßen sie nicht, den Göttern für den inspirierenden Input zu danken. Die Inka stellten der aufgehenden Sonne gerne ein Schälchen Chicha hin, die Azteken opferten der Fruchtbarkeitsinstanz Mayahuel einen Krug Pulque (fermentierten Agavensaft), in China wurde bei religiösen Zeremonien Hirse- und Reisbier kredenzt.

Dass wir auch heute noch unser Glas erheben (und nicht etwa auf den Boden stellen), lehnt noch immer an den Dank an, den wir gen Himmel senden. Gleichzeitig beschwören wir übernatürliche Kräfte – an deren Wirkung wir über den Konsum spiritueller Getränke herankommen.

Im Alten und Neuen Testament belegen zahlreiche Textstellen die Neigung biblischer Protagonisten zum Alkohol. Nach der Sintflut hatte Noah nichts Eiligeres zu tun, als einen Weinberg anzulegen. Als auf der Hochzeit zu Kanaa die alkoholischen Getränke ausgingen, verwandelte Jesus Wasser in Wein. Und Jahre später, bei seinem letzten Abendmahl, forderte der Religionsstifter die Jünger zum kollektiven Trinken auf.

Dadurch inspiriert ließen sich im Mittelalter auch die Klosterbrüder von Weinen und selbst gebrautem Starkbier bei der Gottsuche helfen. Und bei der Kommunion – seit frühchristlicher Zeit ein zentrales Ritual – steht im Mittelpunkt der gemeinsame Verzehr von Hostien und Wein. Dem Islam sind Weinschwemmen auch nicht fremd. Laut Koran erwarten den Heimgegangenen im Paradies Flüsse voller Wein, »köstlich den Trinkenden«. Die alten Griechen stellten sich Dionysos, den Gott der Ekstase, als leidenschaftlichen Zecher vor. Und bei den Wikingern war Alkoholtrinken sogar himmlische Chefsache – der Hauptgott Odin heißt auch »der Betrunkene«. Bei ihm, oben in der Walhalla, konnte man sicher sein, immer etwas zu trinken zu bekommen. Das Jenseits der Wikinger war daher kein schlechter Ort für einen (ewigen) Besuch: Dort stieß man nämlich auf Heidrun an, die heilige Ziege. Aus ihrem Euter floss ohne Unterlass kräftiges, frisches Bier.

Der anatolische Kultort Göbekli Tepe ist nicht nur ein Beleg für die starke Verflechtung von Religion und Besäufnis. Er bietet eine weitere spektakuläre Erkenntnis. Die Forscher hatten sich gefragt, wie Jäger und Sammler wohl dazu kamen, lange vor der Sesshaftwerdung so viel Zeit und Energie in aufwändige Bauten zu investieren, die sich nicht einmal zum Wohnen eigneten. Dörfer und Höfe waren noch nicht erfunden, Nutztiere gab es auch noch keine – die Wildbeuter mussten befreundete Stämme zusammentrommeln, die ihnen bei der Schwerstarbeit halfen.

Der Archäologe Jens Notroff, Mitarbeiter im Göbekli-Tepe-Projekt des Deutschen Archäologischen Instituts, glaubt herausgefunden zu haben, wie den Steinzeitlern dies gelang. Das Rezept funktioniert bis heute: Will jemand seine Kumpel motivieren, ihm beim Umzug zu helfen, ordert er Pizza und eine Kiste Bier. In Göbekli Tepe standen als Lockmittel nahrhafte Auerochsensteaks und frisch vergorenes Bier bereit. Je größer die Anlage wurde, je mehr Riesensteine auf den »bauchigen Berg« gewuchtet werden mussten, desto generalstabsmäßiger galt es wohl, die Versorgung der helfenden Gruppen aus der Region zu sichern.

Auch die Feiern wurden immer raumgreifender. Anhand der gefundenen Tierknochen errechneten die Forscher eine erstaunlich hohe Beteiligung an den Gottesdienstgelagen: 500 bis 1 000 Menschen kamen da zusammen. Als Nachschub für die Sudpfannen und den Betrieb der Tempelanlagen ernteten die Jäger und Sammler in großem Stil die Wildgetreidefelder der Umgebung ab – bis auch das nicht mehr reichte. Daher begannen die Menschen damit – statt mühselig Emmer und Einkorn zu sammeln –, die Felder gezielt zu bewirtschaften und Wiesen zu Äckern zu machen. Der Betrieb band immer mehr Menschen an den Kultort Göbekli Tepe, sie halfen, tranken und blieben. Der Ausgräber Schmidt fasste seine Erkenntnisse so zusammen: »Erst kam der Tempel, dann kam die Stadt.« So bewegte der Durst, nachdem er zunächst den Glauben beflügelt hatte, die mobilen Jäger und Sammler dazu, sesshaft zu werden. »Hier wurden die Weichen für unsere heutige Lebensweise gestellt«, sagt Notroff. Und er ist mit seiner Theorie nicht allein.

Der Evolutionsbiologe Josef H. Reichholf legte 2008 in seinem Buch *Warum die Menschen sesshaft wurden* dar, wie die Menschen im Gebiet des Fruchtbaren Halbmonds dazu kamen, aus den Wildgräsern flüssiges Brot herzustellen – das bei geschickter Handhabung den unschlagbaren Vorteil hatte, für gute Stimmung zu sorgen: »Die Nutzung von Getreide hing somit anfänglich nicht wesentlich mit der Ernährung zusammen. Die gesammelten Körner dienten der Erzeugung von Bier.« Dass in Göbekli gezischt wurde, verraten ihm die gefundenen Steingefäße schon allein aufgrund ihrer Form. Sie taugten weder zum Aufbewahren von Wasser (wird in großen Behältern schnell schal), noch zum Lagern von Getreide (schimmelt darin). Für Reichholf eindeutige Indizien: »Wenn sie aber genutzt wurden, um alkoholische Getränke zu brauen, passt alles zusammen.«

Was kam zuerst, Brot oder Bier? Diese Frage hält Patrick McGovern, Molekulararchäologe an der University of Pennsylvania, für längst beantwortet: »Ich glaube, es war das Bier. Es ist einfacher herzustellen, nahrhafter, und es hat einen bewusstseinsverändernden Effekt.« McGovern hält das Bier für das zentrale Schmiermittel der neolithischen Revolution: »Bauern entwickelten die Fähigkeit zum Anbau von Getreide, damit sie Bier brauen konnten – Jahrtausende bevor jemand Brot buk.« Bis vor Kurzem galt die Erfindung des Biers noch als eine Art Spin-off der Brotproduktion.

Doch für diese Reihenfolge gibt es kaum Indizien. Logischer als die Vorstellung vom nahrhaften Getreidebrei, der zufällig ins Feuer fällt und sich zum allerersten Brot verfestigt, erscheint den Wissenschaftlern ein anderer Unfall: Körner werden feucht, sie keimen und bilden dabei Zucker aus Stärke. Bleibt der Brei aus zuckerhaltigem Getreide in der Sonne stehen, beginnt er zwangsläufig – dank überall herumschwebender, natürlicher Hefen – zu gären und zu moussieren. Fertig ist das Ur-Bier.

Der Mensch selbst bildet permanent ein hervorragendes Hilfsmittel, um solche Prozesse zu forcieren: Spucke. Darin enthaltene Enzyme spalten die Stärke und verwandeln sie in Zucker. Die indigenen Völker Südamerikas produzieren damit bis heute ihr Spuckebier namens Chicha. Es entsteht aus Mais – unter Zugabe ordentlicher Mengen Speichel.

Natürlich ließ die geschmackliche Güte der ersten Sude noch Luft nach oben. Das merkten die Menschen schnell. In einer ersten Qualitätsoffensive verlängerten sie wohl den Gährungsprozess, damit sich mehr Zucker in Alkohol verwandeln konnte. Dann merkten sie, dass Kochen die belebende Wirkung des interessanten Breis erhöhte. Der Grund dafür: Beim Mälzen wandelt sich nur ein kleiner Teil der in den Körnern gespeicherten Stärke in Zucker um. Rührt man das Malz aber ins Wasser und führt ordentlich Energie zu, dann beginnen Enzyme, die sich erst durch Hitze aus der Reserve locken lassen, noch mehr Stärke in Zucker umzuwandeln.

In dieser süßen Suppe hatten auch die Hefepilze mehr zu tun, und schließlich inspirierte das geistige Endprodukt den paläolitischen Konsumenten. Die Brauwelt war auf dem noch langen Weg zum Starkbier. Für einen weiteren Effizienz- und Qualitätsschub sorgte die Erkenntnis, dass es durchaus von Vorteil sein könnte, immer dieselben Gefäße zu benutzen. Von mesopotamischen Brauern wissen wir, dass sie darauf schwörten, den Sud immer in den Bottichen ihres Vertrauens anzusetzen, weil »die das Bier wohlschmeckend machen«. Diesen kontinuierlichen Brauerfolg bescherten ihnen die kleinen Helferinnen, deren Existenz sie damals noch nicht mal erahnen konnten: Hefen, die sich in den Spalten und Rissen des Holzes eingenistet hatten. Der altorientalische Brauer arbeitete damals schon mit seiner jeweiligen Haushefe und musste nicht darauf vertrauen, dass wilde Hefen aus der Luft das Endprodukt mal so, mal so geraten ließen.

Und wo die Menschen schon mal am Optimieren waren, hatten sie auch keine Lust mehr, Tag für Tag Standardbiere zu kippen. Sie brauten in den damals möglichen Stärken und tüftelten mit allen erdenklichen Zusatzstoffen herum: Honig, Kräuter, Ingwer, Früchte. Die Sortenvielfalt im Ägypten des dritten vorchristlichen Jahrtausends konnte sich fast schon mit den Angeboten eines gut sortierten Craftbier-Shops im Deutschland des 21. Jahrhunderts messen. Gebraut wurde mit Einkorn-, Emmer- und Dinkelmalzen. Oder es wurden gebackene Brote (als lange haltbares Zwischenprodukt) aufgeweicht und zum Bier verflüssigt. Es gab auf Datteln gelagertes Süßbier und Schwarzbier. Es gab das »Schöne und Gute«, das »Himmlische«, den »Freudebringer«, die »Ergänzung zum Essen«, das »Überreiche«, das »Gegorene« und das »Bier der Wahrheit«. Offenbar waren darunter auch lange haltbare Elixiere mit höherer Umdrehungszahl – die »Biere der Ewigkeit«.

Die mesopotamische Bierproduktion stand der ägyptischen in nichts nach. Sie versorgte den altorientalischen Markt mit »frischem«, mit »dunklem«, »frisch-dunklem«, »starkem« oder »leichtem« Bier. »Rotbraunes Bier« war sehr malzig, »Nachbier« eine eher wässrige Plörre. Genauso wurde in China vor 5 000 Jahren getüftelt: In der

Provinz Shaanxi fanden Archäologen einen kompletten »Werkzeugsatz zur Bierproduktion«: einen Ofen, Töpfe, Trichter und Amphoren. Die noch herumliegenden 541 stärkehaltigen Körner oder deren Hüllen zeigten, welche Ingredienzien in den Sud kamen: Gerste, Hiobsträne, Kolbenhirse, Rispenhirse, Kürbis, Yams und Lilie.

Welche Sorten am Anfang der Braukunst stehen, welche Alkoholika die Menschen schon in der Steinzeit regelmäßig tranken, ist nicht abschließend zu klären. Da auch Früchte und Honig (vermischt mit Wasser) von alleine zu gären anfangen, ist nicht anzunehmen, dass diese Offerte der Natur ausgeschlagen wurden. Doch Obst ist nicht das ganze Jahr über verfügbar, Honig ein relativ exklusives Gut, und da sich der Tonkrug als Gebinde noch nicht durchgesetzt hatte, waren die Lagermöglichkeiten beschränkt. Getreide und die Möglichkeit, daraus ununterbrochen Bier herzustellen, boten eine deutlich höhere Planungssicherheit als Wein und Met. Hatten sie keine Steinwannen zur Verfügung, brauten die Steinzeitmenschen in Körben, die sie mit Pech ausgekleistert hatten, in Lederbeuteln, Tiermägen oder ausgehöhlten Baumstämmen.

Man kann sagen: Der Mensch ließ nichts unversucht. Um an seinen Stoff zu kommen, führte er im Lauf der Jahrtausende fast jede Pflanze, die auch nur eine Spur Zucker oder Stärke aufwies, der Fermentation zu: Agaven, Birken, Moltebeeren, Bananen, Kakao, Maniok, Mais, Kakteen, Süßkartoffeln, Pfirsichpalmen, Kürbisse oder Kaki. Wer in seinen Steppen weder Obst noch Getreide auftreiben konnte (wie die Nomaden Zentralasiens), dem half der Erfindergeist genauso: Auch Pferdemilch kann vergären.

Dass bereits die frühen Erfahrungen mit dem steinzeitlichen Alkoholikum die Menschen motivierte, derlei Prozesse zu wiederholen und nach und nach zu optimieren, ist kein Wunder. Der Genuss fermentierter Säfte war schließlich schon lange zuvor ein wichtiger Bestandteil ausgewogener Ernährung. Man kann sehr weit zurückgehen in der Evolution – bis hin zu den allerersten Einzellern in der Ursuppe. Schon die sogen ihre Energie aus Vergärungsprozessen.

Vor etwa zehn Millionen Jahren wurden unsere tierischen Vorfahren darauf konditioniert, Alkohol zu erschnüffeln. Aus einem einfachen Grund. Denn wo waren wohl die zuckerhaltigsten Früchte zu finden, die ein Maximum an brennbarem Treibstoff für den Körper lieferten? Richtig: Sie waren vom Baum gefallen und gärten am Boden. Wer sich also möglichst kalorienreich ernähren wollte, witterte, nicht anders als Fruchtfliegen, die ethanolhaltigen Delikatessen schon von Weitem, tanzte herbei und schaufelte so viel wie möglich davon in sich hinein.

Dass diese Überlebensstrategie aus grauer Vorzeit mit Vergnügen verknüpft ist, dafür ist ein kleines Areal im Gehirn verantwortlich: das Belohnungszentrum. Immer dann, wenn Menschen etwas tun, das ihnen beim Überleben hilft, springt es an, indem es Stoffe freisetzt, die glücklich, weniger ängstlich, manchmal sogar euphorisch machen.

Zucker zu finden war damals essenziell. Vergorener

Zucker schickte Hinweise, wo er zu finden sein würde, indem er Signaldüftchen zu den Baumkronen aufsteigen ließ. Dadurch veränderte der Alkohol schon in der Altsteinzeit die Lebensgewohnheiten der vormenschlichen Spezies entscheidend: Weil die Baumbewohner ihn rochen, stiegen sie hinab und erlernten den aufrechten Gang.

Aus dem Überlebensvorteil erwuchsen allerdings neue Risiken. Das Trinken (damals noch Essen) bis zum Rausch brachte Gefahren mit sich. Zugedröhnt waren die Vormenschen leichte Beute für große Fleischfresser. Doch auch dieser Umstand half letztlich bei der Verbesserung der genetischen Ausstattung, wie Mark Forsyth in *Eine kurze Geschichte der Trunkenheit* beschreibt: In einem evolutionären Prozess entwickelten unsere frühen Vorfahren den Hang zum gemeinsamen Besäufnis, von dem wir bis heute profitieren. Wer allein trinkt, ist verloren, sobald ein Raubtier naht. Anders die betrunkene Gruppe: Bei ihr hat es der Säbelzahntiger schwerer, an seine Mahlzeit zu kommen.

So fördert Alkohol – im Sinne der Sicherheit – seit Jahrtausenden den sozialen Zusammenhalt. Dorffeste legen Zeugnis davon ab. Vor 5 000 Jahren tranken die Mesopotamier Bier, in ihren Städten wimmelte es von Mikrobrauereien. Schon vor 7 000 Jahren floss der Wein im Kaukasus und im Zagrosgebirge. Vor 9 000 Jahren bereiteten Nordchinesen mit Reis, Honig und Früchten bewusstseinserweiternde Getränke zu. Und schon vor 13 000 Jahren kratzten Menschen in einer israelischen Höhle mörserartige Löcher in die Felswand. In mindestens einem wurde aus Gerste und Weizen eine Flüssigkeit hergestellt, die an Suppe erinnere, tatsächlich aber ein alkoholisches Getränk gewesen sein dürfte, vermuten die Wissenschaftler der Stanford University aufgrund der vorgefundenen Spuren. Den Stoff hätten die Mikrobrauer anschließend im Rahmen »ritueller Feste« verputzt.

All dies zum Wohle der Gemeinschaft. Wird sie gepflegt, sind alle in Sicherheit. Wir spüren diese Bedeutung bis heute, vielleicht schwingt sie auch nur fernab des Bewusstseins mit, wenn wir wichtige Events mit Bier, Sekt, Alkopops, Wein oder Schnaps begießen. Kein finnischer Geburtstag ohne Rausch. Kein Geschäftsabschluss in Russland ohne Wodka. Je wichtiger der Anlass, desto exklusiver die Rauschmittel, mit denen wir das Belohnungszentrum stimulieren. Die Politik macht keine Ausnahme: Als die britische Regierung zum Staatsbankett für Barack Obama lud, betrug die Weinrechnung 65 000 Euro.

Sei jeher bringt der Alkohol Menschen zusammen. Gemeinsames Trinken schafft Vertrauen. Was man anbietet und selbst (mit)trinkt, kann nicht vergiftet oder sonst wie ungenießbar sein. Die frühen Biertrinker saßen noch um den gemeinsamen Bottich herum und schlürften durch Strohhalme (damit sie sich nicht ständig den Mund mit Spelzen füllten). Davon übriggeblieben ist, dass man viele Getränke (Wein, Tee, Schnaps) bis heute aus derselben Kanne oder Flasche konsumiert. Der Biertrinker hat zwar meist seine eigene Flasche – so groß ist sie ja nicht. Aber auch da gibt es die Erinnerung an die

Ursprünge: Wer beim Prosit die Humpen gegeneinanderschlägt, erinnert mit dem Klang des Glases an die gemeinsame Wanne, aus der die Erfrischung geschöpft wurde. Fast jedes Trinkritual beinhaltet noch immer eine symbolische Kuschelkomponente.

Manchem Politiker schwant allerdings schon im Vorfeld des offiziellen Zusammenkommens, dass die Gegenseite es mit der vertrauensbildenden Maßnahme übertreiben könnte. So ahnte der damalige Bundeskanzler Konrad Adenauer durchaus, was ihm in Russland blühen würde. Bevor er zu seinen Treffen mit dem sowjetischen Regierungschef Nikita Chruschtschow schritt, schluckte er daher Olivenöl, um während der bilateralen Gespräche trotz der Wodkainfusionen standhaft zu bleiben.

Es wäre allerdings ungerecht, in erster Linie die Russen der Alkoholdiplomatie zu bezichtigen. Statistisch betrachtet zählen in Deutschland Politiker zusammen mit Topmanagern, Journalisten und Schauspielern zu den fleißigsten Zechern. Nicht nur zu Hause. Sogar einer der brenzligsten Augenblicke der Weltgeschichte hielt Franz Josef Strauß nicht davon ab, sich mit Kaltgetränken locker zu machen. 1962 gab er sich in der kritischen Nacht der Kubakrise als Verteidigungsminister beim Empfang des Bundespräsidenten so sehr die Kante, dass er sich im Park von Schloss Brühl in die Rabatten übergab. Vom zäh verhandelnden Altkanzler Gerhard Schröder ist die Aufforderung überliefert: »Hol mir mal 'ne Flasche Bier, sonst streike ich hier.« Lange bevor Joschka Fischer als Außenminister zur bundespolitischen Kabinettsgröße wurde, wunderte er sich über die Gewohnheiten der politische Klasse, in die er hineingeraten war. Der Bundestag sei eine »unglaubliche Alkoholikerversammlung, die ganz ordinär nach Schnaps stinkt«. (Sein eigener Rotweinkonsum bewegte sich allerdings auch in respektablen Sphären.)

Gut geölt lief vor allem die Geschichte der noch jungen Vereinigten Staaten an. Ihre Gründerväter sollen trinkfeste Gesellen gewesen sein. Die Unabhängigkeitserklärung von 1776 und die Verfassung von 1787 schrieben sie angeblich unter massivem Einfluss von Starkbier in den Tavernen Philadelphias nieder. Samuel Adams, rebellischer Protagonist der Amerikanischen Revolution, war der Sohn eines Mälzers. Benjamin Franklin hat das Wesen des Gerstentrunks mit philosophischer Tiefe ergründet: »Bier ist der überzeugendste Beweis dafür, dass Gott den Menschen liebt und ihn glücklich sehen will.« Und sowohl der erste (George Washington) als auch der dritte (Thomas Jefferson) und der vierte Präsident der USA (James Monroe) waren allesamt begeisterte Hobbybrauer. Washingtons Affinitäten bezeugen wichtige historische Dokumente: Eine handschriftliche Bestellung von 1788 (»Bitte schicken Sie mir 144 Flaschen von Herrn Hairs bestem Porter«) und das von ihm 1757 persönlich verfasste Rezept für ein Small Ale aus Melasse. Wer das präsidiale obergärige Bier wortwörtlich nachbraut, kann sich auf einen ordentlichen Kraftstoff mit 11 Volumenprozent Alkohol freuen.

Die Politiker pflegen mit ihren Trink- und Versammlungsgewohnheiten ein Verhalten, das der Homo sapiens im Laufe seiner Evolution nach und nach verbessert hat. Der Alkohol perfektioniert es quasi, indem er Geselligkeit stiftet. Der Evolutionspsychologe Robin Dunbar von der Oxford University hat eine ausgiebige Studie zu sozialem Trinken und Freundschaften erstellt. Sein Befund: »Der wichtigste Nutzen von Alkohol ist seine Rolle in sozialen Bindungen.« Warum das Elixier diese wundersame Wirkung zeigt, liegt an der komplizierten Biochemie unseres Körpers: »Freundschaft entsteht, wenn Endorphine ausgeschüttet werden und man sich entspannt. Affen lausen sich dazu. Bei Menschen hilft Alkohol.«

Dunbar kann nicht verstehen, warum der flüssige Wohltäter so sehr als Krankmacher verteufelt wird. Indem er Menschen zusammenbringe, unterstütze er vielmehr die Volksgesundheit. Er sei ein Schutz, psychisch wie physisch: »Wer mehr Freunde hat, ist widerstandsfähiger gegen Krankheiten. Einsamkeit ist der größte Killer.« Der Archäologe Patrick McGovern erinnert daran, dass Alkohol gefährliche Bakterien tötet – vor zwei Millionen Jahren kein unwesentlicher Überlebensaspekt. »Wenn deine Lebenserwartung nur zwanzig Jahre beträgt, schaust du dich nach allem um, was diese Frist verlängert.« Die Steinzeitmenschen hatten über die Jahre empirisch ermittelt, was das Risiko, krank zu werden, auf ein Minimum reduzieren könnte. Sie gelangten zu einer bahnbrechenden Erkenntnis: »Der Typ, der aus dem Fluss trinkt, stirbt. Der Typ, der Alkohol trinkt, wird dreißig Jahre alt.«

Es ist daher kein Zufall, dass man beim Trinken auf

die »Gesundheit« anstößt. Im Gegensatz zum Wasser, das mit Mikroben verseucht sein kann, ist Alkohol stets eine Substanz, die man relativ gefahrlos schlucken kann. Ethanol ist ein erstklassiges Desinfektions- und Konservierungsmittel. Eau de vie verlängert Leben.

Bereits der Autor des Gilgameschepos aus dem alten Babylonien (fast 4000 Jahre ist es her) hat die gewichtige Rolle des geisthaltigen Trunks in der menschlichen Entwicklung erkannt. Um den wilden Schäfer Enkidu in die Gesellschaft zu integrieren, reicht man ihm Bier. Enkidu ist vom ersten Schluck an dazu bereit, die Metamorphose zum Kulturwesen mitzumachen. Sieben Krüge spült er hinunter: »Da entspannte sich sein Inneres, und er war heiter. Sein Herz frohlockte, und sein Angesicht strahlte. Er wusch sich den zottigen Leib und salbte sich mit Öl – und ward ein Mensch.« Bier, so belegt es bereits diese uralte literarische Quelle, war ein zentrales Elixier der Menschwerdung. Und ist es bis heute.

Die erste Seele des Biers: das Malz

Versetzen wir uns mal in die Lage eines Gerstenkorns. Dieses winzige pflanzliche Wesen ist, wie wir Menschen, ein recht gelungenes Produkt langer evolutionärer Prozesse. Es ist nur wenige Millimeter groß, steht aber am Anfang eines komplexen und am Ende oft zu erfreulichen Ergebnissen führenden Prozesses. Dessen Resultat: Bier. Es gibt also gute Gründe, dem Gerstenkorn dankbar zu sein für das, was es tut – auch wenn sich dieses Gerstenkorn von solcher Wertschätzung nichts kaufen kann. Vielmehr wird es, falls intellektuell dazu fähig, die positiven Gefühle, die wir ihm in bierseliger Stimmung zuteil werden lassen, als zynisch empfinden.

Aus seiner Sicht nämlich handelt es sich bei der Bierproduktion um groß angelegten, systematischen Betrug – an ihm, dem kleinen Korn. Denn die erste Seele des Biers, das Malz, entsteht durch Täuschung. »Fiese« Mälzer täuschen den Abermilliarden von armen Körnern vor, dass ihr Leben als stolze Ähre nun beginnen würde. Erst eingeweicht, dann bei kuscheligen 18 bis 22 Grad Celsius in den Keimkasten gelegt, fängt das ahnungslose Getreide an, sein Leben zu leben, indem es mit seinen Enzymen die Energiereserven (Stärke) in Zucker verwandelt – in froher Erwartung, bald zu einer stolzen Pflanze zu werden und Nachwuchs zu produzieren.

Doch die Familienplanung von Hordeum vulgare wird jäh gestoppt. Durch das Trocknen in der Darre. In diesen temperierten Räumen oder Kesseln endet der hoffnungsvolle Aufbruch in eine fruchtbare Existenz. Aus einem einzigen, aus Sicht des Korns perfiden Grund. Der Mälzer (schließlich lebt er davon) weiß, in welchem Zustand er Malz gewinnbringend verkaufen kann: wenn es ein Maximum an Zucker enthält, den der Brauer später von Hefen in Alkohol verwandeln lassen kann. Dieser Moment ist gekommen, wenn das Getreide keimt.

Man muss sich das mal vorstellen, beim Genießen eines Schlucks. Das keimende Korn denkt vielleicht schon sehnsüchtig an sein Ährenleben auf einem prächtigen Feld, das die Sonne bescheint, durch das der Wind rauscht und über dem Wolken dahinziehen. Stolz wankt die Ähre nach hier und nach da, beschwert von drei oder vier Dutzend kräftigen Jungkörnern, allesamt süße Pflanzenkinderchen, die seine Gene tragen.

Und dann wird daraus nichts. Noch bevor der Blattkeim überhaupt seine Spitze aus der Hülle (Spelze) strecken kann, nimmt der Mälzer rasch das Getreide aus dem Keimkasten und kappt dessen Hoffnungen, stoppt ohne Erbarmen jegliche Wachstumsaktivität, indem er die Enzyme deaktiviert. Genau das passiert in der Darre. Das bedauernswerte Korn wird bei erhöhten Temperaturen getrocknet, bei noch höheren karamellisiert oder gar bei 220 Grad geröstet.

Wer jetzt Mitleid verspürt, sollte sich der Konsequenzen bewusstwerden, die ein Gnadenakt bedeuten würde. Dem Korn im Moment des Keimens das Leben zu retten, bedeutete nichts anderes als zuzulassen, dass es seinen Zucker selbst verstoffwechselt. An dieser Stelle des biologischen Prozesses gerät die Welt in einen ernsthaften Interessenskonflikt. Denn das Korn möchte den Zucker für seine Nachwuchsproduktion verheizen, der Brauer dagegen braucht ihn zum Brauen. Oder anders gesagt: Wer hier Erbarmen zeigt, sitzt später auf dem Trockenen.

Unser Gewissen muss damit leben, dass Bier nur unter dieser Vortäuschung einer falschen Zukunft überhaupt entstehen kann. Stärke vergärt nicht einfach so zu Alkohol, sodass geistreiches Kaltgetränk entstehen kann. Wir brauchen dafür den Zucker aus dem Malz.

Es lohnt sich, den Ort aufzusuchen, an dem dieses »hinterhältige« Geschäft, der »Betrug« am Korn, seit dem 19. Jahrhundert im großen Stil erfolgt. Und wo jene Frau wirkt, die wohl am leidenschaftlichsten daran arbeitet, dass gutes Malz für gute Biere in jede Ecke der trinkenden Welt gelangen kann: Sabine Weyermann.

Als ich am Bahnhof von Bamberg aus dem Zug steige, dauert es nur Sekunden, bis ich in einen geistigen Zustand gerate, in dem man zu der Überzeugung gelangt: Alles, was ich bin, denke, fühle, ist nur eins – Malz. Denn es gibt kein Entrinnen. Wenn die Windrichtung es so verfügt, fallen Weyermanns Duftmoleküle über jeden her, den es aus der Nicht-Malz-Welt auf den Bamberger Bahnsteig verschlagen hat. Sie kommen als unsichtbare Wolke aus der bahnhofsnahen Fabrik und kleben sich in der Nase an den Schleimhäuten fest. Der totalitäre Odor dieses Ortes – eine Synthese aus Brot-, Karamell-, Röstkaffeeduft und rauchigen Noten – benebelt die Sinne.

Im Eingangsbereich der Malzfabrik Weyermann erwischt mich die nächste gnadenlose Attacke. Nicht Gerüche, die aus Röstkammern entweichen, sind es dieses Mal, sondern die zwei Farben Gelb und Rot. Weyermann-Schlüsselanhänger in Gelbrot, Weyermann-Modelleisenbahnwaggons in Gelbrot, Bierkrüge, Taschenlampen, Einkaufswagenchips mit Logo, T-Shirts und Christbaumkugeln. Das Komplettpaket mit Fanutensilien in den »Vereinsfarben« der GmbH & Co. KG kann der Weyermann-Bewunderer hier kaufen. So offensiv gestaltete Fanshops mit Devotionalien aller Art kennt man sonst von Fußballklubs. Keiner hätte ein solches Brimborium von einem Familienbetrieb erwartet, der in vierter Generation in einer oberfränkischen Mittelstadt Malz für die Bierherstellung röstet.

Angesprochen auf die Intensität ihrer Werbebotschaft sagt die Chefin Sabine Weyermann erst einmal unmissverständlich: »Die Marketingabteilung bin ich.« Bereits zu Beginn unseres Gesprächs hat sie keine Hemmungen, die gesamte Verantwortung für die Wucht ihrer rotgelben Accessoirewelle zu übernehmen. Genauso unmissverständlich könnte sie auch noch sagen: »Die Firma bin ich.« Oder: »Die Marktführerin bin ich.«

Im Prinzip leitet sie die Geschäfte zwar zusammen mit ihrem Ehemann Thomas Kraus-Weyermann (und die fünfte Generation, Franziska, arbeitet auch schon mit). Aber das unangefochtene Aushängeschild, das Gesicht, das Kraftzentrum der Firma ist eindeutig sie – das

60-jährige Energiebündel, das mit makellosem Selbstvertrauen durchs Berufsleben stürmt.

Gekonnt und mit treffsicherem Witz erzählt sie ihre Geschichte und die ihrer Firma. Es ist eine gute Geschichte, und sie klingt wie ein Märchen, weil sie ganz unten anfängt und ganz oben aufhört. Dass sie trotzdem kein Märchen ist, belegen Bilanzen und Wachstumsraten. Die Mich. Weyermann GmbH & Co. KG ist Weltmarktführerin im Verkauf von Spezialmalzen. Sie versteht sich darauf, aus Gersten-, Weizen-, Roggen- oder Dinkelkörnern 85 verschiedene Malzsorten herzustellen. Wenn man die Wirkungsstätte eines Kreativbrauers heimsucht, egal, ob in Deutschland, den USA, in Skandinavien oder Japan: Die weißen 25-Kilogramm-Malzsäcke aus Franken – mit dem bekannten Logo – stehen fast immer in der Ecke. »Wir stecken in 50000 verschiedenen Bieren weltweit«, sagt Weyermann, Stand: 2019. Man spürt: Sie hat die Zahlen immer bei sich.

Als die ganz unten waren, schrieb man das Jahr 1985. Die damals noch designierte Chefin hatte eben ihr Studium der Brau- und Lebensmitteltechnologie in Weihenstephan beendet, da starb überraschend ihr Vater. So musste sie schon im Alter von 27 Jahren ran. Man könnte sagen: Sie hatte keine Wahl. Aber dieser Satz wäre falsch. Wer ihr zuhört, glaubt ihr sofort, dass der Satz so lauten muss, wie sie ihn formuliert: »Ich wollte keine andere Wahl.« Natürlich plante sie, die Firma weiterzuführen, das verrät schon ihre Studienwahl. Sie fühlte sich nicht nur in der Lage dazu, sondern auch »dem Erbe verbunden«. Einzig der Zeitpunkt war nicht kalkuliert: »Ich hatte nur nicht erwartet, dass ich es in jungen Jahren alleine wuppen sollte.«

Sabine Weyermann begann mitten in der Krise. Die Pils-Welle entfaltete damals ihre volle Wucht. Die Nachfrage galt fast nur noch hellen Standardmalzen für den Massenmarkt, dessen Produkte immer einförmiger wurden. Weyermanns in kleinen Chargen hergestellte, vorwiegend dunklere Spezialmalze waren kaum gefragt. Die Firma beschäftigte gerade mal 20 Mitarbeiter und kämpfte ums Überleben.

Der Zufall wollte es, dass sie und ihr Mann wegen einer Hochzeit 1994 nach Texas reisten. »In einer Micro-Brewery tranken wir Stout und Porter.« Diese kräftigen, malzigen, fast schwarzen Biere kannten sie beide noch nicht. Obwohl sie »völlig neue Geschmacksimpressionen« vermittelten, handelte es sich um Getränke, die man aus dem Rohstoff herstellen konnte, den die kleine Firma in Bamberg damals produzierte. Der Hochzeitsausflug nach Übersee hatte daher entscheidende Folgen. Weyermanns Interesse am Braugeschehen in den USA war geweckt.

Zwei Jahre später flog das Ehepaar erneut über den Atlantik, in der Hoffnung, auf der Craft Brewers Conference Kunden für ihre Spezialmalze zu finden. Erst einmal schienen die beiden dort falsch zu sein. »Wir betraten die Messehalle im dunklen Businesszwirn«, erinnert sich Weyermann. Die potenzielle Klientel trat dem Ehepaar aus Franken als Kontrastprogramm entgegen, in Trekkingstiefeln: »Die trugen Bärte, Rucksäcke, Pferdeschwänze und wilde Tattoos.«

Dass sie doch nicht fehl am Platz waren, merkten die Bamberger Malzverkäufer sofort, als der Anblick ihrer Produktepalette den amerikanischen Braufreaks vor Freude die Feuchte in die Augen trieb. Die Craftpioniere wollten ausprobieren. Und plötzlich standen da die seriösen Weyermanns aus Germany und hatten exakt den nötigen Stoff zum Austoben dabei – in einer Vielfalt, die sie vom standardisierten US-Markt nicht kannten, denn dieser war ganz darauf ausgerichtet, Miller, Budweiser und Co. zu beliefern. Weyermann erschien da plötzlich als Mälzerei der unbegrenzten Möglichkeiten.

Ein weiterer Vorteil war, dass die Kleinbrauer beim Kleinbetrieb nicht gleich ganze Wagenladungen ordern mussten, sondern das Caramel-, Rauch- oder Röstmalz säckeweise zum Tüfteln bestellen konnten. Noch ein Faktor spielte den Weyermanns in die Karten: die Ahnungslosigkeit dieser Bierenthusiasten. Während deutsche Traditionsbetriebe ihre Braumeister an Hochschulen ausbilden, prägten in den USA Selfmade-Brauer den Aufbruch in die Biermoderne. Viele hatten einfach ihr Hobby zum Beruf gemacht. Die Bamberger fingen gleich damit an, diesen Branchenfrischlingen nicht nur Malz zu verkaufen, sondern so viel Fachwissen zu vermitteln, dass Freundschaften entstanden. Die typische US-amerikanische Tugend, einfach lösungsorientiert loszulegen, imponierte der jungen Geschäftsfrau: »Das hat Weyermann geprägt.«

So kam es, dass der Aufschwung einer oberfränkischen Mälzerei untrennbar verknüpft ist mit der Entwicklung der Craftbier-Szene in den USA. Der Überseemarkt bescherte der Firma einen ökonomischen Frühling. »Und wir wurden selbst zu einem Motor der Bewegung«, sagt Weyermann.

Auch wenn sie damals die Krawattennadeln wieder nach Hause trugen, hatten sie und ihr Mann auf Anhieb mehr Kundschaft gewonnen, als sie sich je hätten ausmalen können. Das Wachstum ist längst nicht zu Ende. Um rund 20 Prozent steigt der Umsatz der Craftbier-Industrie weltweit pro Jahr. »Und wir wachsen im selben Tempo mit«, sagt Weyermann, ohne der Öffentlichkeit konkrete Zahlen und Gewinne verraten zu wollen. Mehr als 80 Prozent ihrer Malze exportiert sie in 135 Länder. Jüngst sind noch Abnehmer in Aserbaidschan, Georgien, Kirgisien und Iran dazugekommen.

Besonders groß ist die Nachfrage in Brasilien. »Jede Woche sieben neue Brauereien.« Sechs davon würden das Malz bei ihr bestellen, sagt Weyermann, »an der siebten arbeiten wir noch«.

Sie macht keinen Hehl daraus, dass der Sprung über den Atlantik sie inspiriert hat. Sogar zur rotgelben Souvenieroffensive – damals unüblich in Deutschland: »Wir haben gelernt, dass sich der amerikanische Craft Brewer gerne mit seinem Lieferanten verbindet, ihn besucht, eine Verbindung aufbaut.« Also suchte sie erst einmal nach nützlichen Give aways, die sie den Brauern beim Besuch in Bamberg oder am Messestand in die Hand drücken konnte. Dann färbte die Begeisterung der tätowierten US-Kunden für das denkmalgeschützte Industriegebäude auf die Chefin ab: »Die sind beim Anblick der historischen Mauern in Entzücken ausgebrochen – ›Oh, it looks like Willy Wonka's chocolate factory!'« So kamen das leuchtende Rot (für die Backsteine) und das grelle Gelb (für das sonnengereifte Getreide) ins Firmenleben und auf jede Arbeitskleidung: »Alles wurde mit unserem Logo gebrandet.«

Von Anfang an fühlte sie sich in Übersee ernster genommen. In Deutschland drohte damals der Preisdruck, den wenige Großbrauereien auf die Zulieferer ausübten, die Branche zu zerstören: »Wir waren stark abhängig.« In den USA, bei den Craft Brewern, begegnete sie diesem Druckgefälle nicht. »Sie schützen den Lieferanten, wir sind ihnen mehr wert. Wir pflegen eine Partnerschaft«, sagt Weyermann.

Zeitweise dachte sie sogar darüber nach, mit ihrer Firma nach Übersee zu ziehen. Starke temporäre Präsenz tat es jedoch auch; zweimal im Jahr tingeln Herr und Frau Weyermann wochenlang durch die Staaten, von Brauerei zu Brauerei, ohne Krawattennadeln. Sie lernen von den Brauern, inspirieren sie – und lassen die Geschäfte weiterwachsen. Der Erfolg hat Sabine Weyermann eine sehr rosa Brille aufgesetzt: »Beschwerden kommen nie, ich habe ausschließlich Kunden, die mir danken.«

Dann lässt sie mich für eine Weile allein – sie hat zu tun. Aber sie stellt mir Karl-Ludwig Rieck an die Seite und schickt mich mit ihm auf Tour. Zum Ursprung der ubiquitären Düfte. Dorthin, wo ich am intensivsten jenen Moment riechen kann, in dem der Mälzer mittels Darren die Enzyme deaktiviert, um das Korn rechtzeitig an der Weiterverarbeitung des Zuckers zu hindern.

Rieck ist gelernter Brauer, Biersommelier und Kundenberater bei Weyermann. Geht man als schnüffelnder Besucher hinter ihm durch die Produktionsstätten, fächern sich die Düfte in Varianten auf: Je nach Etage oder Raum ist es Holzrauch, Brot, Karamell, Schokolade oder Kaffee.

Die Vielfalt der Bierstile kommt zustande, weil die vier Basisingredienzien des Kulturtranks dem Brauer mit ihrem Variantenreichtum fast unendlich viele gestalterische Möglichkeiten bieten. Im Wasser sind es Mineralien, Kalk und Schwefelverbindungen, die Nuancen im Bier betonen oder Stile prägen: Hartes Dortmunder Wasser ergibt perfektes Export, weiches Münchner erstklassiges Helles, und Kalzium pusht das Hopfenaroma in mittelenglischem Ale.

Der Hopfen selbst, die eigentliche Würze, ermöglicht dem Brauer, seine Biere unterschiedlich bitter zu gestalten und sie nach Mandarine, Zitrone, Holunder, Melone, Flieder, Grapefruit, Nadelbaum oder Pfeffer riechen und schmecken zu lassen. Die Hefe wiederum schafft es, je nach Stamm, für Gemüse-, Bananen, Birnen-, Apfel-, Zwiebel- oder Butteraromen zu sorgen. Den »Körper« des Bieres jedoch prägt maßgeblich das Malz. Genauer: das Spezialmalz. Denn erst einmal gilt es, zwei Kategorien zu unterscheiden. Zum Basismalz (mit viel Enzymen und Stärke) kommen die Spezialisten als Geschmacks- und Farbgeber hinzu: Rauch-, Röst-, Karamell- oder Sauermalz.

Zwei Tonnen der Sorte Carafa kommen in Bamberg nach knapp drei Stunden fast schwarz aus der Rösttrommel. Die Körner sind gefährlich heiß. Ihr Geschmack beim Kauen im Mund? Wie bitterer Ruß. Nur wenige Prozente wird der Brauer davon später in den Sud tun, um Dunkles Münchner, Düsseldorfer Altbier, Bockbier oder Schwarzbier herzustellen. Dezenter, deutlich weniger bitter, ist die Sorte Carafa Spezial. Der Unterschied in der Herstellung: In einem zusätzlichen Verfahren wird jedes Korn frühzeitig entspelzt, seine Hülle zu 80 Prozent abgeschabt. Der Effekt ist gigantisch. Entspelzt erinnert das dunkel geröstete Malz intensiver an Karamell, Schokolade, Brotkruste, Nüsse und Rosinen – so schmecken später das daraus gebraute belgische Ale, das Baltische Porter, das englische Stout, der schwäbische Doppelbock.

»Das Korn atmet«, sagt Rieck, als er detailliert erklärt, mit wie viel Sorgfalt die Schützlinge zu behandeln seien. Und spätestens als er schildert, wie vorsichtig man Körner vor dem Keimen befeuchten muss, sieht man in ihm plötzlich nicht mehr den Bösewicht, der Milliarden Pflanzenleben opfert, indem er sie darren lässt, sondern einen treusorgenden Beschützer: »Korn kann ertrinken.« Fast gelingt ihm ein trauriger Gesichtsausdruck.

Auch Sabine Weyermann schafft es, als ich sie noch einmal im rotgelben Foyer treffe, den »Massenmord« am keimenden Geschöpf in einen Akt der Wohltat umzudeuten. Den Vorwurf, jugendlichen Gerstenkörnern systematisch den Garaus zu machen, weist sie entschieden zurück: »Beschiss? Täuschung? Von wegen«, sagt die energische Geschäftsfrau, »wir bescheren jedem

Korn ein Happy End. Es darf in die Welt hinausfahren und Brauer glücklich machen.«

Und um wirklich sicher zu sein, dass ich die Größe ihres Schaffens zu erkennen vermag, umreißt sie noch einmal den Rhythmus im Produktionsprozess, der erst die Voraussetzung schafft, damit es zur Schöpfung großer Biere kommen kann: Einen Tag einweichen, fünf Tage keimen, dann darren. Ich habe mitgezählt. Meine Kenntnisse des Mälzerhandwerks sind damit auf ein Niveau gebracht, das mich die Dimension des letzten Satzes erahnen lässt, den Sabine Weyermann zur Abrundung ihrer Ausführungen hinterherschiebt. Bevor sie wieder verschwindet und einen in der gelbroten Kulisse zurücklässt, zwischen Golfbällen, Wunderkerzen und Herzkissen, spricht sie: »Am siebten Tag schuf Weyermann das Malz.«

Mythos Reinheit

Das Peinlichste am Reinheitsgebot: Das Rezept funktioniert nicht. Es will dem Brauer vorschreiben, wie er zu brauen habe. Er soll allein aus Gerste, Hopfen und Wasser – so verlangt es die Urfassung des weltberühmten Schriftsatzes – in seiner Sudpfanne Bier köcheln. Aber man muss wahrlich kein Insider sein, um zu merken, dass auf diesem Weg nicht das dabei rumkommt, was wir uns ins Glas wünschen. Wer simplen Getreidebrei gären lässt, erhält zwar früher oder später eine alkoholisch riechende Brühe, fällt aber mit dem angewandten Knowhow hinter das schon mediokre Niveau der alten Ägypter, Sumerer und Chinesen zurück.

Drei Minuten Sachkunde reichen, um zu wissen, was zur Braukunst fehlt. Gerstenmalz statt Gerste in den Kessel zu schütten, dürfte zweckdienlicher sein. Gekeimtes Getreide muss es sein und damit ein Rohstoff, der nicht nur große Kohlenhydrate bunkert, sondern gut vergärbaren Zucker – der wiederum den Appetit der Hefen weckt. Letztere sind das zweite fehlende Stichwort: Wo bleiben im Gebot die Hefen? Ohne sie und ihre Vergärungsarbeit hat das Getränk es schwer, seinen Geist zu entfalten.

Die Untauglichkeit des Gebots hielt 2016 Brauereifachleute im ganzen Land nicht davon ab, Jubiläum zu feiern. Ein halbes Millennium – so lange gibt es die Uralt-Kochanleitung schon. Nun gut, das mit der Hefe konnte man vor 500 Jahren nicht genau wissen. Die kam einfach unangemeldet in den Sud, weil sie ohnehin überall zu Hause ist. Auf deren Hilfe konnte man beim Gären schon immer zählen, dazu brauchte man kein Fachwissen. Aber man ahnte: Da ist etwas. Und dieses Etwas zauberte den unansehnlichen bräunlichen Schaum aufs Bier und machte am Ende den Trinkenden lustig. Doch niemand durchschaute damals die mikrobiologischen Zusammenhänge. Der Einzeller, von dem zehn Millionen Zellhülle an Zellhülle in einem Milliliter dickbreiiger Hefe leben, zeigte sich dem menschlichen Auge erst Jahrhunderte später, dazu musste erstmal das Mikroskop erfunden werden, worauf wir später noch zu sprechen kommen. An dieser Stelle: Die Hefe zu übersehen, sei den mittelalterlichen Dilettanten also geschenkt. Aber das mit dem Malz hätten sie damals schon wissen müssen.

Immerhin lernten die Zuständigen in den Ämtern nach und nach dazu und formulieren ihr Gebot Schritt für Schritt korrekter aus. In neueren Versionen des Reinheitsgebots ist die Hefe drin, das Malz ist drin, und zumindest bei obergärigen Bieren, so ist es vermerkt, darf Malz von andersartigem Getreide sein.

Trotz aller Nachbesserungen gibt es kaum eine Gesetzesschrift oder Herstellungsanleitung, die bis heute widersprüchlicher interpretiert werden kann als die vielzitierte deutsche Bier-Maxime. Das Gebot sorge für einzigartige Qualität und Kreativität beim Brauen – sagen

Brauer. Mindestens so viele Brauer entgegnen: Es eröffne Möglichkeiten für schlimmste Schindludereien, ja für brutale Verbrechen am Genussmittel Bier, weil es mit Reinheit sowenig zu tun habe wie eine ethische Richtlinie der Fifa mit Ethik.

Die Geschichte von der angeblichen Reinheit des deutschen Biers steckt voller Halb- und Unwahrheiten. Fangen wir beim Jubiläum an. 500 Jahre Reinheitsgebot feierte Deutschland, weil am 23. April 1516 im oberbayerischen Ingolstadt die Herzöge Ludwig X. und Wilhelm IV. eine Landesordnung erlassen hatten, in der unter anderem die Vorschrift zu lesen war, wonach »zu kainem Pier merer stuckh dann allain Gersten, Hopffen und Wasser genomen und gepraucht sölle werden«.

Um Qualität und Verbraucherschutz ging es den Fürsten im 16. Jahrhundert nur am Rande. Die Hauptinteressen für das Bierdiktat waren wirtschaftliche. Vordergründig galt es, nach dem Landshuter Erbfolgekrieg in dem aus Teilherzogtümer zusammengeflickten Bayernland eine harmonische Rechtsgrundlage zu schaffen. Außerdem wirkte die Erinnerung an Hungersnöte nach. Es galt, die Versorgung der Bevölkerung mit Grundnahrungsmitteln sicherzustellen. Weizen oder Roggen sollten – statt versoffen zu werden – den Bäckern vorbehalten bleiben.

Mit der Kleinen Eiszeit war der Bierdurst gestiegen. Vom 15. bis ins 19. Jahrhundert hinein dauerte die Kühlperiode. Der Frost vernichtete ganze Weinjahrgänge und verteuerte den Rebensaft, sodass viele auf Bier umstiegen. Dadurch stieg die Nachfrage nach Getreide. Den

Bierhandel wollte man zwar weiter ankurbeln (er lohnte sich), doch in die Brautöpfe sollte nur »minderwertige« Gerste kommen. Da half eine Standardisierung, um sich gleichzeitig gegenüber abenteuerlich gebrauten Konkurrenzerzeugnissen einen Wettbewerbsvorteil zu verschaffen. Im Rheinland oder in Norddeutschland etwa mischten die Brauer damals noch allerlei Kräuter ins Bier, die in Bayern nicht wuchsen.

Im selben Aufguss sollte mit der neuen Vorschrift auch Panschern das Handwerk gelegt werden. Die fabrizierten in ihren Sudkesseln manches »Dollbier« – teilweise unter Zuhilfenahme lebensgefährlicher Zutaten, was dem Image bayerischer Biere zum Schaden gereichte. Mittelalterliche Brauer griffen beim »Veredeln« ihres flüssigen Brots kühn zu Spänen, Wurzeln, Ruß, Pech oder Stechäpfeln. Manche Ingredienz zeitigte massiv bewusstseinserweiternde Wirkungen: Bilsenkraut, Sumpfporst, Tollkirsche, Schlafmohn, Muskatnuss oder Wermut. Mit ihrem Verbot verabschiedeten die Fürsten daher gleichzeitig ein partielles Antidrogenpaket.

Wie wichtig ihnen die hehren Grundsätze waren, zeigten sie bereits im Jahr 1548. Da gewährten die bayerischen Landesherren dem Freiherr von Degenberg das Privileg, Weizen zu Bier zu verbrauen – von wegen »allain Gersten«. Kaum war dessen familiäre Linie erloschen, sackte der bayerische Herzog – er hieß zu jenem Zeitpunkt Maximilian I. – das Monopol ein und sanierte seinen defizitären Staatshaushalt; da musste die Sicherung der Grundnahrungsmittel halt ein wenig warten. Die Goldgrube ließ sich noch erweitern, indem die Wirte kurzerhand genötigt wurden, Weizenbier auszuschenken. Weigerten sie sich, verloren sie die Schankerlaubnis. 250 Jahre sollte das rentable Weißbier-Monopol am Ende bestand haben.

Ein Reinheitsgebot war die herzogliche Landesordnung vier Jahrhunderte lang nicht. Erfunden wurde der Begriff erst Anfang des 20. Jahrhunderts – als reines Marketinginstrument, um sich etwa gegen die englischen Bierimporteure zu wehren, die sich im hiesigen Markt erfolgreich breitmachten. Um dem protektionistischen Vorstoß den Anstrich von Traditionsbewusstsein zu verpassen, holte man kurzerhand den Erlass von 1516 aus der Schublade.

Das passte zu einer Entwicklung, die im 19. Jahrhundert begonnen hatte: Man besann sich nicht nur auf eine nationale Identität, sondern auch auf ein nationales Getränk. Bereits Tacitus beschrieb in seinem Bericht *Germania* die Gelage, die dank eines Stimmungsaufhellers, einer »Flüssigkeit aus Gerste oder Weizen, zu einer gewissen Weinähnlichkeit vergoren«, an Intensität kaum zu überbieten waren. Und so malten die Künstler des 19. Jahrhunderts fleißig patriotische Germanen, die auf Bärenhäuten liegen und Bier aus vergoldeten Stierhörnern saufen.

Als man 1871 über die Vereinigung der deutschen Staaten zum Kaiserreich verhandelte, bestand Bayern auf der reichsweiten Übernahme der eigenen Verordnung: das reine Bier wurde zur nationalen Ehrensache und zum politischen Instrument. Bereits damals eigneten sich Bierhallen als Ort für »grandiose Zelebrationen des deutschen Nationalgetränks«, wie der britische Historiker Neil MacGregor formuliert. Später, im Ersten Weltkrieg, ließen sich deutsche Soldaten gerne in trauter Runde mit erhobenem Humpen ablichten: ein Zeichen der Bereitschaft, die Nation zu verteidigen. Das Bier war endgültig zu einer nationalen Angelegenheit geworden – perfekt passte in dieses Gedankengebäude die Theorie, wonach seine Reinheit seit Jahrhunderten verteidigt worden sei.

Bier, Politik und Nation mythisch zu verquicken, gefiel den Nazis natürlich auch. Sie rotteten sich gerne im Münchner Bürgerbräukeller zusammen, nachdem sie dort unter Hitlers Führung 1923 für einen ersten großen Krawall mit anschließendem Putschversuch gesorgt hatten. Noch heute entfalten politische Reden in Bierhallen mitunter die größte Wirkung – gehalten etwa am Aschermittwoch.

Die Wiederentdeckung des Biergebots von 1516 wurde zu einem riesigen Erfolg, der bis heute anhält. Sogar in Übersee preisen Brauereien ihre Biere mit dem edlen Versprechen an, sie seien »gebraut nach dem deutschen Reinheitsgebot«. Dass es mit der angestrebten Reinheit nie weit her war, zeigt der pragmatische Umgang mit den niedergeschriebenen Vorschriften. Die ursprüngliche Brauvorschrift wurde bereits 1551 aufgeweicht. Ab sofort durften damals Koriander und Lorbeer ins bayerische Bier, später Salz, Wacholder und Kümmel.

Auch in jüngerer Vergangenheit wurden in Deutschland fleißig Ausnahmen bewilligt. Das Deutsche Biersteuergesetz von 1923 erlaubte bei den mit obergäriger Hefe (bei höheren Temperaturen) vergärten Bieren andere Malzsorten (Weizen, Dinkel oder Roggen) sowie Zucker und daraus hergestellte Farbstoffe. Nach dem Zweiten Weltkrieg sah man es in den von Engländern und US-Amerikanern besetzten Zonen (zumindest in den außerbayerischen) auch nicht so eng – und erlaubte Kartoffelflocken, Zuckerrübenschnitzel oder Hirse als Ergänzungsmaterial. Genauso kannte die DDR diverse Abweichungen von allen Reinheitsgeboten: Reis- und Maisgrieß, Stärkecouleur, Natriumsacharin, Pepsinkonzentrat, Tannin oder Ascorbinsäure kamen zu Hopfen und Malz dazu.

Gar kompletter Humbug ist die dreiste, aber viel zitierte Behauptung, das »bayerische Reinheitsgebot« sei das älteste Lebensmittelgesetz der Welt. Mehr als drei Jahrtausende älter ist zum Beispiel der Codex Hammurapi. Im 18. Jahrhundert vor Christus ließ der altbabylonische König Hammurapi eine Sammlung von Rechtssätzen und Strafmaßen in Keilschrift niederschreiben. Darin finden sich die Qualitätsrichtlinien, nach denen Bier zu produzieren sei, die Höhe der Bierpreise, die Abgabemengen an Arbeiter (zwei Liter pro Tag) und an Beamte und Priester (fünf Liter). Wurden die Qualitätsvorgaben nicht eingehalten, ersäuften Staatsdiener die Panscher in ihren eigenen Plörren. Das zeigt, wie ernsthaft bereits die Mesopotamier das Ziel verfolgten, reines Bier eingeschenkt zu bekommen.

Nicht mal innerhalb Deutschlands (ja nicht mal in Bayern!) kann das Gebot von 1516 beanspruchen, das erste gewesen zu sein. Als am 21. Juni 1156 Augsburg das Stadtrecht verliehen bekam, unterließ es Friedrich Bar-

barossa nicht, die Bewohner verbindlich an die Pflicht zur Qualitätskontrolle beim Bierbrauen aufmerksam zu machen: »Wenn ein Bierschenker schlechtes Bier macht oder ungerechtes Maß gibt, soll er gestraft werden ...«. Im 13. und 14. Jahrhundert wurden in vielen Regionen Deutschlands Richtlinien festgeschrieben, die genauso als Vorläufer heutiger Biergesetze herhalten könnten. Wegen einer Hungersnot verhängte die Stadt Nürnberg das Verbot, zum Bierbrauen auf andere Getreidearten als Gerste zurückzugreifen. Gleiches ordneten die Stadträte von München und Regensburg sowie das Herzogtum Bayern-Landshut im 15. Jahrhundert an – »bei Vermeidung von Strafe an Leib und Gut«. Und auch im Wirtshausgesetz der thüringischen Stadt Weißensee finden sich bereits 1434 einige Paragrafen zum »Benehmen in Wirtshäusern« und dem Brauen von Bier: einzig Wasser, Malz und Hopfen seien dazu erlaubt.

Was heute als deutsches, nach Reinheitsgebot gebrautes Bier in den Handel gelangt, entspricht den Vorschriften des »Vorläufigen Biergesetzes« von 1993. In Bayern und Baden-Württemberg gilt noch das strengere Reichsgesetzblatt von 1919. Abweichungen von der Reinheit erlaubt ein Paragraf, der »auf Antrag« das Zubereiten sogenannter »besonderer Biere« zulässt. So hat zum Beispiel die innovative Insel Brauerei auf Rügen kein Problem, sich vom Land Mecklenburg-Vorpommern Kreationen bewilligen zu lassen, in denen sie Kreide oder Anis verarbeitet oder in denen Milchsäurebakterien die Vergärung erledigen.

Währenddessen sorgt Bayern, das offiziell keine Ausnahmen zulässt, mit seiner Sturheit für Possen wie jene um das Milkstout von Camba Bavaria. Diese Biersorte hat eine zwei Jahrhunderte währende Tradition in England vorzuweisen. Doch als die Brauerei aus Truchtlaching für ihr Camba Milk Stout typgerecht Milchzucker vergären ließ, bekam sie Probleme mit dem Bayerischen Landesamt für Gesundheit und Lebensmittelsicherheit. Das Gebräu, hieß es, sei kein Bier im Sinne des Vorläufigen Biergesetzes. Das hatten die Hersteller zwar nie behauptet. Aber aufgrund der Bezeichnung »Stout« würden die Konsumenten so etwas erwarten. Außerdem passte den Beamten die Vokabel »Milk« im Namen nicht – schließlich sei ja keine Milch drin.

Die Brauerei musste ihre ganze Charge wegschütten. Aber die Geschichte endete doch noch gut. Seit 2016 braut eine Brauerei im anarchistischen Österreich für Camba Bavaria das Bier. Es heißt nun Sweet Stout – und als Importware darf es sogar getrunken werden.

Viele Brauer halten trotzdem gerne am Reinheitsgebot fest. Sie sehen es als Möglichkeit, kreativ zu werden, indem sie etwa mit der Vielfalt an Hopfensorten spielen und fruchtige Aromen ins Bier zaubern. So schmecken nach Reinheitsgebot gebraute Biere mitunter nach Grapefruit, Himbeere oder Litschi – und dies ohne künstliche Aromen. Es sind Hefe und Hopfen, die das Bier olfaktorisch und geschmacklich aufpeppen.

Insofern gäbe es auch Gründe, das Reinheitsgebot und den dazu gehörigen Mythos nicht anzutasten. Wären da nicht jene anderen Möglichkeiten, die das Gebot ebenso zulässt. Biere, die mit Bildern von sprudelndem Quellwasser, frischen Hopfendolden und kupfernen Sudkesseln (und damit der Illusion eines naturbelassenen Produkts) beworben werden, stellen die Industriebrauereien mithilfe von Hopfenextrakt her – einem Konzentrat, das mit Lösungsmitteln aus Hopfen extrahiert wird. Oder sie nehmen Malzextrakt statt Malz. Um ihr Gebräu länger haltbar zu machen, filtern und stabilisieren sie es mit Kieselgur. Oder sie geben feines Plastikgranulat mit der Bezeichnung Polyvinylpolypyrrolidon ins Bier, um trübungsbildende Gerbstoffe noch gründlicher herauszufiltern. Da an dem Plastik allerdings auch wichtige Eiweißstoffe aus dem Bier haften bleiben, ist das halbtot gefilterte Bier geschmacklich bettlägerig – dafür aber farbstabil! Und zwölf Monate haltbar!

Erlaubt ist auch der Einsatz von: Algenmehl, Aktivkohle oder radioaktiver Strahlung. Oder die Brauer nehmen helles Bier und färben es mithilfe von Röstmalzkonzentraten zu dunklem Bier um – Augenwischerei mit dem Segen des angeblichen Reinheitsgebots, das innovativen, ökologisch arbeitenden Brauern nicht erlaubt, mit Früchten oder Kräutern zu experimentieren und das Ergebnis als deutsches Bier zu bezeichnen. Kritiker des Gebots beanstanden auch, dass mithilfe von Enzymen die mehrere Wochen dauernde Reifung auf wenige Tage eingekürzt wird.

Wer die Dinge durchschaut, ist offenbar die Unesco. 2013 wollten die deutschen Brauer ihr Reinheitsgebot in den Katalog des Weltkulturerbes aufnehmen lassen. Das Komitee schmetterte den Antrag ab – und seine Begründung lässt tief blicken: »Wir hatten (…) den Eindruck, dass die Bierproduktion inzwischen sehr industriell geprägt ist. Der Mensch als Wissensträger der Brautradition scheint zunehmend eine nachrangige Rolle zu spielen.« Die Unesco-Behörde hatte offensichtlich erkannt, worum es sich beim Reinheitsgebot in seiner bestehenden Form in Wahrheit handelt: um nicht viel mehr als einen Mythos.

Durch die kreative Craftbier-Szene haben sich die Verhältnisse in den letzten Jahren allerdings stark verändert. Sogar in Bayern. Zwar gibt es dort noch immer keine Ausnahmeregelung für »besondere Biere«. Trotzdem brauen einige Kreative unverfroren am Reinheitsgebot vorbei. Ohne amtlichen Segen, dafür frisch nach der Devise »wo kein Kläger, da kein Richter«. Mit diesem tolerierten Ungehorsam dürfte es noch eine Weile weitergehen. Denn die zuständigen Ämter haben kein Interesse, einzuschreiten. Sie würden Klagen riskieren. Dann könnte passieren, was im Bier- und Freistaat Bayern nukleare politische Sprengkraft hätte: Dass das Reinheitsgebot kippt. Aus diesem Grund hören und sehen und sagen die Beamten momentan nichts – obwohl in gut sortierten Kaltgetränkeverkaufsstellen einheimische Biere im Regal stehen, die nicht Bier heißen, sondern »Brauspezialität«. Sie sind definitiv nicht nach Reinheitsgebot gebraut.

Nun könnte man denken: Was gar nicht den Anspruch erhebt, Bier zu sein, dem droht auch keine Sanktion, falls es nicht wie ein Bier (nach Reinheitsgebot) gebraut ist. Aber der Fall des ausgeschütteten Milkstouts von Camba Bavaria hat gezeigt, dass dieser

Trick nicht immer funktioniert. Er ist innerhalb dieser hochkomplizierten Gemengelage ein Ausweg, aber kein »rechtssicherer«. Dass man sich auf ihn nicht verlassen kann, dafür sorgt die Lebensmittel-Kennzeichnungsverordnung, abgekürzt LMKV. Sie verlangt: Was aussieht wie ein Bier, was schmeckt wie ein Bier, was hergestellt ist wie ein Bier und auch noch exakt so verpackt ist wie ein Bier (nämlich in einer genormten Bierflasche), muss eindeutig gekennzeichnet werden: als Bier.

Der brüchige Waffenstillstand könnte sich mittelfristig in einen Frieden verwandeln. Wegen der Konsumenten. Sie merken es nicht, oder es ist ihnen egal: Auf immer mehr Bieren in ganz Deutschland steht längst alles Mögliche auf dem Etikett, bloß nicht das Wort »Bier«. Trotzdem kaufen Konsumenten den Stoff und unterstützen so die Abkehr vom Diktat. Sie geben im Craftbier-Store drei Euro aus, um geschmackserweiternde Ingredienzien mitzuschlürfen: Kirschen, Kaffee, Ingwer, Zimt, Sauerkraut oder Gurken. Viele Brauer sähen es daher gerne, den Einsatz solcher Lebensmittel, Genussstoffe und Gewürze im Rahmen eines neuen Schriftsatzes offiziell zu gestatten. Warum nicht ein »Natürlichkeitsgebot« anstelle des Reinheitsgebots? Oder als dessen Erweiterung?

Im Alltag ist die Knebelung allerdings noch längst nicht überwunden. Trotz des Fluchtwegs zu »besonderen Bieren«. Der Kehrwieder-Kreativbrauer Oliver Wesseloh hat schon viele Ausnahmegenehmigungen gebraucht – und erhalten. Für jede einzelne hat er eine Gebühr entrichtet. So sind spektakuläre Köstlichkeiten wie das bereits erwähnte El Duderino entstanden, ein Russian Imperial Milk Coffee Stout, in dem er ganze Kaffeebohnen einer Hamburger Rösterei mit verbraut hat. Nicht reinheitsgebotskonform, aber natürlichkeitsgebotskonform.

Als Wesseloh jedoch kürzlich ein neues Rezept für eine Goose einsandte, reichte es plötzlich nicht mehr, auf dem Antrag Ingwer, Orangenschalen und Zitronenverbene in die Inhaltsliste einzutragen. Stattdessen sollte er grammgenaue Mengenangaben hinschreiben. Ein Ding der Unmöglichkeit, weil natürliche Rohstoffe immer verlangen, dass man beim Brauen mit Fingerspitzengefühl variieren kann. Malz ist nie gleich, jeder Hopfenjahrgang ist anders.

Ohne einheitliche Regelung werden sich die Kreativbrauer noch jahrelang in jedem Bundesland mit jeweils anderen Problemen herumschlagen. Einer Berliner Kleinstbrauerei wurde untersagt, untergäriges Honigbier zu brauen – die Behörden hätten sich obergärige Hefen gewünscht. Und während in Hamburg Kaffeebiere kein Problem sind, haben es diese in Nordrhein-Westfalen besonders schwer. So kreierte die Münsteraner Gruthaus-Brauerei ein Coffee-Stout und überforderte damit das Landesamt für Natur, Umwelt und Verbraucherschutz in Nordrhein-Westfalen. Dieses empfand die Kombination aus Alkohol und Koffein als höchst bedenklich. Aus Sorge um Herzkranke und biertrinkende Schwangere verlangte das Amt nicht nur eine Analyse des Testsuds, sondern auch ein toxikologisches Gutachten. Nach drei Monaten erlaubten die Behörden die Ausnahme vom Reinheitsgebot unter Auflage. Auf dem Ettikett müsse ein fetter Warnhinweis stehen: »Das Bier enthält 86 mg/l Koffein. Koffein kann die Wahrnehmung der Wirkung von Alkohol beeinflussen. Das Getränk ist nicht für Personen geeignet, die aufgrund von bestimmten Erkrankungen oder genetischer Veranlagung empfindlich bei der Aufnahme von Koffein reagieren.«

Filterkaffee hat zwar zehnmal so viel Koffein pro Liter – darf aber, wie Jim Beam Bourbon mit Cola, ohne Warnhinweis verkauft werden. Gruthaus-Besitzer Philipp Overberg ärgerte sich nicht lange. Er füllte ab, druckte Etiketten und wusste nun, wie er sein Imperial Cold Brew – mit amtlichem Segen – vermarkten konnte: »gefährlichstes genehmigtes Bier Deutschlands«.

Er musste seither in sozialen Foren viele Fragen beantworten: Gibt es das Coffee Stout nur auf Rezept? Muss ich einen Schutzanzug tragen? Brauche ich eine Atemmaske?

Die zweite Seele des Biers: die Hefe

Die Fahndung läuft seit Jahren. Der Gesuchte treibt sich in Europa herum. Vielleicht aber auch nicht. Die Ermittler haben gewisse Indizien. Wo genau sich der Verdächtige letztlich versteckt, darüber können sie bloß Vermutungen anstellen. Vielleicht im Bayerischen Wald oder in der Oberpfalz? Ein möglicher Rückzugsort könnte der Böhmische Wald in Tschechien sein. Was die Suche erschwert: Der Gejagte ist unsichtbar.

Mathias Hutzler lässt trotzdem nichts unversucht. Mehrmals hat sich der Fahnder sogar in den Untergrund begeben, immer auf der Suche nach einer heißen Spur. In unwirtlichen, kalten, von den Menschen schon vor Jahrzehnten verlassenen Kellern schabte er Krusten von den Wänden. Er hat Schmutz aus Fugen und Rissen gekratzt und danach Hunderte DNA-Proben im Labor analysiert, um Indizien zu finden, wo Saccharomyces eubayanus sich aufhalten könnte. Doch der ist weiterhin flüchtig.

Was hat der Hefepilz namens Saccharomyces eubayanus denn getan? Das einzellige Lebewesen ist von seiner physischen Größe her fast ein Nichts, gerade mal ein hundertstel Millimeter lang. Trotzdem hat es der Spezies Mensch eine Kulturrevolution beschert. Konkret schuf S. eubayanus vor einem halben Jahrtausend die Voraussetzung, dass die biertrinkende Erdbevölkerung ihr Sortiment entscheidend erweitern konnte. Brauer bekamen damals die Gelegenheit, völlig neue Sorten zu kreieren – das Pils, das Lager, das Helle, den Maibock, das Märzen.

Bevor sich diese wilde Hefe S. eubayanus in die Abläufe einmischte und zur historischen Größe wurde, braute der Homo sapiens nur obergärige Biere – Sorten wie Ale, Altbier und Weizen zählen wir heute dazu. Obergäriges Bier bedeutet, dass obergärige und nicht untergärige Hefen im Getreidetrunk den Alkohol produzierten. Ihr Appetit ist zwischen 15 und 25 Grad Celsius am größten. Bei diesen Temperaturen futtern sie im Rahmen der Gärung den Malzzucker und entlassen als Verdauungsprodukt betörenden Geist.

S. eubayanus aber ist anders, eine hartgesottene Variante, ein Hasardeur, zu Hause in der Wildnis. Als kältetoleranter Hefepilz bevorzugt er eine gewisse Umgebungsfrische. Vier bis neun Grad Celsius wecken seine Lebensgeister. Das ist das Temperaturfenster, in dem obergärige Hefen nur tatenlos rumhängen, die untergärigen dagegen Hunger bekommen: Freiwillig machen sie sich an die Arbeit, sie verstoffwechseln Zucker und setzen Alkohol in die Welt.

Der Vorfall nun, der S. eubayanus für den Wissenschaftler Mathias Hutzler überhaupt interessant macht, ereignete sich vor rund 400 Jahren. Die wilde, kälteaffine Hefe paarte sich mit der wärmeliebenden, längst domestizierten Backhefe S. cerevisiae aus den Reifekellern der mittelalterlichen Bierbrauer. Die Liaison war womöglich arrangiert, eingefädelt von experimentierfreudigen

Menschen, eine mehr oder weniger gezielte Kreuzung – und sie war folgenschwer. S. eubayanus wurde durch diesen Akt zum Elternteil einer neuen Hefesorte, wobei sie dem neuen Hybrid mittels ihrer Gene auch ihre spezielle Eigenschaft vererbt hatte. Wie sie selbst liebte auch der Sprössling die Kälte. Er besaß damit – neben seinem Heißhunger auf den Zucker aus geschrotetem Malz –, zur richtigen Zeit das ideale Rüstzeug, um in der Brauwelt Karriere zu machen.

Man stelle sich also vor, dass die Tochterhefe sich bei ihrem Entstehen erst einmal großzügig im Erbgut beider Elternteile bediente. So konnte sie einerseits mit ihren Alten – S. cerevisiae und S. eubayanus – konkurrieren. Andererseits nutzte sie künftige Teilungen (also ihre eigene Fortpflanzung), um ihr Genom an die Umgebung anzupassen. Unnötige und redundante Teile fielen nach und nach weg. S. pastorianus verfeinerte ihr Erbgut, lehnte sich gegen die Eltern auf, verstieß diese womöglich – und wurde zur dominierenden Hefe in den Reifekellern der Brauereien.

Mathias Hutzler arbeitet am Forschungszentrum Weihenstephan für Brau- und Lebensmittelqualität in München; der 41-jährige Bayer leitet dort das Hefezentrum. Er würde nur zu gerne in Erfahrung bringen, wo jenes folgenschwere Techtelmechtel der obergärigen Hefe mit der wilden Untergärigen stattgefunden hat, respektive: »... wo die Brauhefe zu ihren Kaltgäreigenschaften kam«. Denn das Ereignis markiert für viele Branchenkenner mindestens so etwas wie eine Zeitenwende. 94 Prozent des heute auf der Welt produzierten Biers gehen auf das

Konto dieser vor rund 400 Jahren gezeugten Lagerhefe S. pastorianus, inzwischen auch bekannt als S. carlsbergensis.

Es ist höchste Zeit, an dieser Stelle kurz zu erklären, warum überhaupt so ein Zirkus rund um die Bezeichnungen obergärig und untergärig veranstaltet wird. Grundsätzlich gilt, dass Bier über die besondere Eigenschaft verfügt, bereits anhand marginaler Unterschiede einen Meinungsstreit zu entfachen. Es taugt, um als Sprengsatz oder Zielobjekt in Glaubenskriegen eine zentrale Rolle einzunehmen. Man schaue nur mal ins Konfliktgebiet Köln / Düsseldorf. Flussauf, flussab bewegen wir uns dort bloß innerhalb des Spektrums »obergärig«. Doch bereits innerhalb dieses engen Feldes schaffen es die ansonsten fröhlichen Rheinländern, unversöhnlich auf den dort vorherrschenden Brauphilosophien zu beharren. Seit Generationen trinkt grundsätzlich kein Düsseldorfer obergäriges Kölsch, und genauso wenig trinkt ein Kölner obergäriges Düsseldorfer Alt. Ich als neutraler Konsument konnte lediglich feststellen, dass das hellere Kölsch im Hochsommer erfrischender sein kann als das malzigere, würzigere Alt – im Gegenzug aber bereits Facetten von Ungenießbarkeit entfaltet, sobald die Kerntemperatur im Glas um ein Zehntelgrad ansteigt.

Wenn nun den obergärigen Kölnern und den obergärigen Düsseldorfern bereits Unterschiede knapp oberhalb der Wahrnehmungsschwelle ausreichen, um erbitterte Feindschaft zu zelebrieren, versteht man, dass ein so grundsätzlicher Unterschied, wie er zwischen ober- und untergärig herrscht, nicht zu unterschätzen ist. Beide, die obergärigen wie die untergärigen Hefen, beschränken sich nämlich nicht darauf, geschmacksfreien Alkohol zu produzieren. Beim Verwandeln der Ausgangsstoffe mischen sie der entstehenden Brühe immer auch Geschmacks- und Duftnoten bei. Sie hinterlassen also eine Handschrift. Die kann der individuelle Biertrinker mögen, die kann er hassen. Es gibt Liebhaberbiere, die stinken – hängt davon ab, wen man fragt. Polarisiert ein Bier, liegt das meistens an den beteiligten Hefen; auf ihr Konto gehen immerhin bis zu 80 Prozent der Aromen.

Gemeinsam ist allen lediglich die Gattung: Hefen sind Schlauchpilze. Sie atmen, wenn genügend Sauerstoff da ist, und sie stellen umgehend auf Vergärung um, wenn der Sauerstoff zum Atmen fehlt. Charakterlich sind die Unterschiede jedoch immens. Die Obergärigen neigen bei ihrer Lieblingstemperatur zwischen 15 und 25 Grad zu Hyperaktivität. Weil sie sich gerne heftig ins Zeug legen, produzieren sie fleißig Nebenprodukte, darunter fruchtige Ester. Als bekannteste Konsequenz daraus resultiert der deftige Bananengeschmack mancher Weißbiere.

Die untergärigen Hefen, die es gern kühler haben, sind im Vergleich zu den schnellen Brütern quasi die coolen Socken, eher reserviert, charakterlich unauffälliger – und so in der Lage, bei unter zehn Grad Celsius neutral schmeckende, gut trinkbare Biere zu fabrizieren.

Bei ihrem Wirken in Slow Motion kommen sie auch nicht auf die Idee, massenhaft Gärnebenprodukte zu entwickeln, sprich intensive Geschmacksnoten, was das

Problem der hyperaktiven Obergärigen ist. Aus diesem Grund ist von einem coolen Untergärigen aber auch kein nach Banane schmeckendes bayerisches Weizen zu erwarten. Schon eher ein mit wenigen Hefenoten versehenes Pils oder Helles.

Der Wettbewerbsvorteil der langsamen Untergärigen: Ihre Arbeit ist leichter zu kontrollieren – vorausgesetzt, die Kühlkette ist intakt. Aus diesem Grund wurde früher nur bis zum Frühling untergärig gebraut. Erst die Erfindung des Kühlaggregats hat dazu geführt, dass die »coolen« Hefen sich als ganzjähriger Standard durchgesetzt haben. Mit der Folge allerdings, dass die Biere in der Masse ähnlicher wurden: Viele Helle mit minimalen Unterschieden anstelle einer bunten, anarchistischen Vielfalt.

Bevor wir mit Mathias Hutzler die Hefefahndung fortsetzen, hier noch eine Erklärung zu den sonderbaren Bezeichnungen. Bei obergärig kann man sich also leicht merken, dass diese Produktionsart mit den »oberen« Temperaturen zu tun hat und die untergärige Variante mit den »unteren«. Allerdings hat die Bezeichnung selbst damit nichts zu tun. Es ist die Art der Fortpflanzung, die einen sichtbaren Unterschied verursacht. Wenn obergärige Hefen sich teilen, bleiben die Sprossen im Verbund aneinanderkleben. Die entstehende Kohlensäure verfängt sich in diesen Fetzen und trägt sie beim Aufsteigen an die Oberfläche, wo sich die ankommenden Teile zu einem fetten schwimmenden Teppich gruppieren. Weniger Familiensinn legen die untergärigen Hefezellen an den Tag. Nach der Teilung verlassen sie Muttern. Sie verzichten darauf, mit allen anderen Sippenmitgliedern in einem größeren Sprossenverband zusammen zu bleiben. Daher kann sich die Kohlensäure auch nicht in ihnen verfangen – und sie sinken langsam zu Boden.

Jetzt aber wieder zur Hefefahndung. Wissenschaftler Hutzler ist längst nicht der einzige, der nach dem Geburtsort der Lagerhefe S. pastorianus sucht, nach jener mysteriösen Stätte, an der die systematische Untergärigkeit ihren Anfang nahm: »Ein richtiger Wettlauf ist entstanden.« Die bisher zusammengetragenen Indizien sprechen dafür, dass der Zeugungsort in Deutschland liegt. Die Region München ist Favorit – es könnte aber auch in Böhmen, jenseits der tschechischen Grenze geschehen sein.

Um die Urhefe S. eubayanus dingfest zu machen, will sich Hutzler in den nächsten Jahren vermehrt in den verbliebenen Urwäldern Tschechiens und Deutschlands zur Jagd aufmachen. Nur in den letzten unberührten Refugien europäischer Wildnis rechnet er damit, dass der Pilz überlebt haben könnte – eher als in den stark veränderten Kulturlandschaften unserer Moderne, in denen nur noch die Resterampen einstiger Waldgebiete herumstehen.

Dass es den in Europa Gesuchten gibt, wissen wir, weil er auf anderen Kontinenten schon gefunden wurde. Dank genetischer Analysen konnte er 2011 in Argentinien dingfest gemacht werden, später auch in China, Tibet, und den US-Bundesstaaten Wisconsin und North Carolina. In Patagonien hockt er überall auf Scheinbuchen, die vom größeren Pilz Cytaria bewachsen sind – einer wahren Zuckerbombe. Schipperte folglich das einzellige

Schleckmaul S. eubayanus einst auf den Großseglern der ersten Entdecker aus der Neuen Welt nach Europa? Oder folgte S. eubayanus der Seidenstraße, gelangte von Tibet aus im Gepäck der Händler ins Abendland? Ebenfalls denkbar: dass die urwüchsige Hefe den Luftweg nahm, im Gedärm eines Zugvogels nach Europa einwanderte, bevor ihr Spross hierzulande die Bierproduktion revolutionierte. Für die These Südamerika plus Schiffshandel spricht eine auffällige zeitliche Koinzidenz: Die frühen untergärigen Hellen wurden just in jener Epoche ausgeschenkt, als die erste Kartoffel nach Bayern kam.

Im Alltag seines Forscherlebens kümmert sich Mathias Hutzler meist um weniger erfreuliche Zwischenfälle der Mikrobiologie. »80 Prozent machen Kontaminationen aus«, sagt er. Ist irgendwo die Keimzahl zu hoch, klingelt sein Telefon. Dann versuchen er und die Mitarbeiter seiner Abteilung, den Fehler zu beheben, indem sie sich in den Rohrlabyrinthen des betroffenen Betriebs auf die Suche nach der unholden Mikrobe machen.

Der spannendste Teil seiner Arbeit bleibt aber die Hefefahndung. Und er sucht nicht nur nach dem wilden Phantom S. eubayanus. Sein Augenmerk gilt außerdem noch viel älteren Protagonisten im Braugeschehen, also jenen Hefepilzen, die lange vor S. eubayanus und seinem Erben S. pastorianus in den Sud kamen, aber längst vergessen sind. Für das Verschwinden alter Stämme gibt es mehrere Gründe. Vielleicht wurde ein ganzer Produktionsbetrieb eingestellt, vielleicht zufällig eine rivalisierende Hefe eingeschleppt, die dann den Konkurrenzkampf gewann. Oder die Brauer sortierten eine einzelne

Hefe wegen eines vermeintlichen Handicaps aus: Sie lieferte zum Alkohol unangenehme Fehltöne mit, oder sie ließ den Sud nach Ansicht des ungeduldig wartenden Brauers zu langsam und zu ineffizient vergären, worauf dieser sie als Minderleisterin gegen einen Hochleistungsstamm austauschte. »Die Perfektionierung der Brauprozesse ging auf Kosten der Vielfalt. Diese wurde durch Selektion kaputtgemacht«, sagt Hutzler.

Um zu verstehen, wie es dazu kam, dass sich große Teile der Branche so radikal auf Untergärigkeit verständigten, muss man sich das Dilemma früher Braumeister vergegenwärtigen. Der einstige Wildwuchs in den Gärkellern sorgte dafür, dass mal diese Hefe die Vorarbeiterschaft übernahm und mal jene – abhängig von der Reihenfolge ihres Eintrudelns, der Art der Malzmischung, der Umgebungstemperatur, der Überlegenheit einzelner Stämme. Da die jeweiligen Hefen (oft ein ganzer Cocktail) sich ja nie darauf beschränkten, den Zucker in Alkohol zu verwandeln, sondern Duftmarken und Geschmacksnuancen hinterließen, ereigneten sich olfaktorische und gustatorische Pannen. Die Produktion mit obergärigen Hefen war deutlich anfälliger für Verunreinigungen mit unerwünschten Pilzen und Bakterien – wegen der hohen Temperaturen. Kein Wunder, gibt Hutzler zu bedenken, dass »die Deutschen mit ihrem Effizienzdenken« schnell dabei waren, als sich plötzlich mit einer neuen Hefe die Möglichkeit ergab, systematisch und sauber zu arbeiten.

Wenn man nun dem Mikrobiologen Hutzler dabei zuhört, wie er den Verlust der Vielfalt bedauert, dann gilt seine Trauer offensichtlich nicht allein den bedauernswerterweise verschollenen Lebewesen, sondern natürlich vor allem den von ihnen erbrachten Genussleistungen. Hutzler liebt Bier. Und mit seinem filigran geschulten Gaumen ist er selbstverständlich weit davon entfernt, in seinen Hefen nur simple Alkohollieferanten zu sehen. Nie käme er auf die Idee, ihre individuellen Leistungen zu verkennen. Doch viele Brauer und Trinker übersahen lange, wie riesig der Einfluss eines Pilzes auf den Endgeschmack ihres Kaltgetränks sein kann.

Heute ist diese Wirkung bekannt, und genau damit arbeiten die Craft Brewer. Wer sich als Kreativer versteht, misst Hefen nicht an ihrer Effizienz, sondern an ihrer künstlerischen Qualität. Vorreiter sind die Belgier. Sie sind die Meister im komplizierten Handling der unberechenbaren Einzeller. Sie haben im Laufe von Jahrhunderten gelernt, aus sehr vielen obergärigen und einigen wenigen untergärigen Stämmen ein Maximum an Geschmacksvielfalt herauszukitzeln – und dem Zufall, diesem unersetzlichen Helfer der Kreativität, nicht den Garaus gemacht. Im Gegenteil: Das Experiment ist noch immer integraler Bestandteil der belgischen Bierkultur. Die dortigen Brauer stopfen Gewürze und Früchte in den Sud, und vor allem haben sie keine Angst vor den winzigen Freaks, die ihnen spontane Gärung bescheren. Bei den säuerlichen Lambic-Bieren ist die Kontamination im offenen Braugefäß das Prinzip, um spektakuläre Fermentationen in Gang zu bringen. Was in einer jeweiligen Region oder einer einzelnen Brauanlage an Hefen, Milchsäure-, Essigsäure- oder Enterobakterien durch die Luft geistert, nimmt Anteil am Produktionsprozess einer Spezialität – und verpasst ihr quasi auch gleich die Unterschrift oder das Herkunftslabel.

Wer einen »Brüsseler Champagner« trinkt, der hat in seinem Glas vermutlich eine Cuvée aus verschiedenen Lambics, meist älteren und jüngeren, die nach der »méthode champagnoise« in der Flasche eine zweite Gärung erlebt hat und so zur säuerlichen Biersorte namens Geuze gereift ist. Handelt es sich beim Kaltgetränk um ein Fruchtlambic, dann hat der Brauer mit Früchten oder Fruchtkonzentraten hantiert. Kriek heißt: Da ist Kirsche drin. In die Flasche kommen aber auch Himbeere, Pfirsich, schwarze Johannisbeere oder Erdbeere.

Gute Pionierarbeit leisteten insbesondere die Trappisten in ihren Klöstern. Sie fabrizieren meisterhafte, in der Regel dunkle, fruchtige, malzig-würzige obergärige Starkbiere, die erst in den Flaschen endgültig heranreifen. Bis heute darf nur Trappistenbier heißen, was innerhalb eines lizensierten Klosters von den Mönchen selbst oder unter ihrer Aufsicht gebraut worden ist.

Seit hierzulande das Bier auch außerhalb Frankens und anderer Bierregionen wieder Handwerk geworden ist, schielen die hippen Craft Brewer nach Belgien. Sie sollten aber nicht vergessen, dass Vergärung in der Frühzeit der Braukunst wie eine Lotterie funktionierte. Die Hefe gesellte sich einfach stillschweigend dazu und tat ihren Dienst: Sie klebte unsichtbar am Malz oder am Rührstab, sie steckte in den Fugen des Bottichs, schwebte herbei oder fiel aus Bart, Augenbraue oder Nase des Brauers. Die schon bald einsetzende Gärung hielt man für Gottes- oder Hexenwerk. Eine überflüssige Hypothese, seit man weiß, dass Hefen fast überall sind. Alkohol ist definitiv kein Zufallsprodukt, eher quasi ein Selbstläufer – im Gegensatz zum Geschmack der Brühe, der am Ende dabei herauskommt.

Erst das Mikroskop schuf die Möglichkeit, so kleine Lebewesen überhaupt zu sehen. Der französische Chemiker Louis Pasteur kam den Hefen und ihrem Treiben im 19. Jahrhundert schließlich auf die Schliche. Als es dann dem in Diensten der dänischen Brauerei Carlsberg stehenden Botaniker Emil Christian Hansen gelang, Hefen zu isolieren und zu kultivieren, konnte eine gezielte Selektion vorgenommen werden. Reinzuchthefen kamen in den Handel, heute sind es weltweit rund 300 – sowohl ober- als auch untergärige. Sie pflegen beim Vergären der verschiedenen Zuckerarten individuelles Verhalten und helfen so mit, die Menschheit mit unterschiedlichen Bierstilen zu versorgen.

Hefebanken machen das Brauen zum kalkulierbaren Geschäft. Doch die Craftbier-Bewegung hat die Neugier (und den Mut) der Biertrinker erhöht – was wiederum die Brauer beflügelt, das Risiko im Sudraum einzugehen. Plötzlich sind die hiesigen Produzenten froh, dass ein kleines Land westlich vom großen Deutschland nicht damit aufgehört hat, die (meist obergärigen) Freigeister walten zu lassen. Und dies mit großem Erfolg.

Einige deutsche Kleinstbrauereien pröbeln durchaus erfolgreich mit Spontanvergärungen. Sie produzieren in Flaschen Champagnerartiges und lassen – je nach Sichtweise der polarisierten Trinkerschaft – ungenießbar Saures oder erfrischend Prickelndes wie die Berliner Weiße und das meist trübe Weizenbier namens Gose wiederaufleben, die lange totgesagt waren.

Die Wertschätzung für die belgischen Eigenbrötler hat höchste Kreise erreicht: Die Unesco nahm im November 2016 das belgische Bier in seine Liste des immateriellen Weltkulturerbes auf – wir erinnern uns: drei Jahre zuvor hatte sie den deutschen Brauern das Anliegen verwehrt, mit ihrem »Reinheitsgebot« in den Katalog aufgenommen zu werden. Auch wenn in Belgien, nicht anders als in Deutschland, industriell gefertigte untergärige helle Biere den Großmarkt beherrschen, erkannte die UN-Behörde hinter dem belgischen Antrag offenbar eher eine vielfältige handwerkliche Brautradition als hinter dem deutschen Reinheitsgebot.

Der Erfolg des belgischen Wegs lässt hiesige Brauer den vergessenen Stämmen nachtrauern, die der bierindustriellen Neuzeit zum Opfer fielen. Aus diesem Grund ist Mathias Hutzler unterwegs. Zum Beispiel in Mendig in der Eiffel. Dort steigt er die 153 Stufen zum tiefsten Bierkeller der Welt hinab. Das riesige Loch in der Unterwelt war einst entstanden, weil unter Tag riesige sechseckige Basaltsäulen herausgebrochen wurden. Wer durch die Eifeldörfer fährt, sieht noch heute, dass die Menschen das robuste Vulkangestein nicht nur zum Mühlen verwendeten: Schwarz ist das prägende Element der regionalen Architektur.

Im 19. Jahrhundert bezogen Brauereien das Labyrinth. Die Temperatur, die sie hier vorfanden, war ideal für eine lange Reifezeit. In Hochzeiten ließen 28 Brauereien hier bei konstanten sechs bis acht Grad Celsius ihr Bier gären und gedeihen. Erst nachdem 1876 die Kühlmaschine erfunden war, ließ sich thermische Stabilität überall organisieren. In die tiefen Keller hinabzusteigen erübrigte sich nach und nach. Der einstige Steinbruch wurde erneut ausgeräumt.

Aber nicht ganz. Noch immer stehen alte Kessel in den Gewölben, mit bröckelndem Anstrich. Schläuche hängen herum, die einstigen Verbindungen zwischen den Brauetappen, ungenutzt seit Jahrzehnten. Das einzig Neue sind ein paar Vorräte der reanimierten Vulkanbrauerei, die hier auf moderne Weise ihren preisgekrönten Doppelbock in ehemaligen Bourbonfässern der Woodford Distillerie aus Kentucky reifen lässt.

Durch diese fast verlassene Brauwelt stapft Hutzler im sterilen weißen Schutzanzug, über die Schuhe hat er Plastikhüllen gestülpt. Er kratzt Rost vom Gestänge eines Malzkippwagens, schneidet Borsten von der Bürste, die er in einem Ablaufrohr findet, filtert Schwebeteilchen aus der Luft, schabt Beläge von einem modrigen Holzschieber, macht sich über die Sedimente in zurückgelassenen Putzeimern her und konfisziert eine Flasche, die 50 Jahre zuvor ein Mensch nur bis zur Hälfte ausgetrunken hat.

Ist Mathias Hutzler auf Hefesuche, dann generiert in ihm alles Schmutzige, alles Faulige ein Frohlocken. Stets hofft er, dass der letzte Braumeister »nicht picobello geputzt hat«. Erfolgversprechend ist die Umgebung einstiger Gärbottiche: »Wenn die Brühe überschäumt, bleibt an der Kalkwand Zucker kleben. Zucker, Kalk und Sauerstoff ergeben ein hervorragendes Biotop für ein langes Hefeleben. Ganz schlecht ist es, wenn's knochentrocken ist.«

Geschätzte 700 000 Arten gibt es auf der Welt. 1 500 Stämme sind Hutzler an 25 Orten in die Fänge geraten. »Wenn wir Glück haben, können wir die wiederbeleben und damit sogar Bier machen.« In einigen Fällen ist es bereits geglückt. Erst fütterten die Forscher die Hefen mit Zucker und Mineralstoffen, dann ging es mit den Wiederauferstandenen in die institutseigene Versuchsbrauerei. Was dabei herauskam, lagert seither im Keller von Hutzlers Institut.

Jeder Fund stachelte Hutzlers Jagdinstinkt weiter an. Er hat neue Ziele ausgespäht. Er will sich »alle Hölzer anschauen«, die einst im Brauwesen zum Einsatz kamen – Eiche, Haselnuss, Fichte. Dabei geht es nicht nur um die Fässer. »Wir wissen, dass sie Holz- und Rindenspäne reingetan haben«, sagt Hutzler, und dass deshalb einige Sude »ein bisschen wie Eintopf« schmeckten. An diesen Holz- und Rindenspänen klebten Hefesporen.

Es ist für ihn daher kein Zufall, dass die Eiche zum heiligen Baum von Kelten und Germanen wurde. Die Liebe zum stämmigen Gewächs gründete wohl kaum auf einer Leidenschaft für Botanik. Und auch nicht nur auf dem Respekt vor der Stabilität des Hartholzes. Vielmehr waren es wohl die eichenspezifischen Hefepilze, die die Ahnen einst beglückten. Sie hatten im Lauf von Jahrhunderten gemerkt, dass besonders beim zeremoniellen Brauen unter Eichen wie von Geisterhand am Ende die interessantesten Ergebnisse herauskamen. Ein nachvollziehbarer Grund, um das Gehölz zur göttlichen

Kreatur zu befördern. Vielleicht genoss die Mistel, von wiederum anderen Hefen besiedelt, aus ähnlichen Gründen die Wertschätzung brauender Germanen und Kelten. Er gehe, sagt Hutzler, »stark davon aus, dass es so war«.

Seit das Fernsehen mit ihm in die Unterwelt hinabgestiegen ist und ihn beim Einsammeln von Schmutzresten filmte, bekommt er Unterstützung aus der Öffentlichkeit. Nicht jede ihm zugeschickte Probe allerdings beglückt den Hefe-Fan Hutzler gleichermaßen. Unter den Zusendungen waren Behältnisse, in denen Öl und Diesel gelagert waren. »Urin hatten wir auch schon.« Es handelte sich, wie Hutzler anmerkt, »um eine sogenannte Baustellenflasche«. Da hatte wohl ein Maurer oder Polier keine Zeit, um vom Gerüst hinabzusteigen.

Aber Hutzler wird andere Proben finden, mit denen er die Biervielfalt bereichern kann.

Erst einmal will er schauen, was aus der Beute wird. »Ich werde Ihnen Proben schicken«, verspricht er mir noch. »Dann können Sie gleich selbst testen, was meine alten Hefen so draufhaben.« Ich bin gespannt.

Neulich in der Brauerei

Der erste Akt in der Biermanufaktur erfolgt vollautomatisch. Die Brauerei liegt im Dunkeln, als kurz nach vier Uhr im Sudhaus die Schaltuhr die Sperre im Schrotrumpf löst. 1,6 Tonnen Gerstenmalz, am Vortag geschrotet, rieseln durch den Trichter in die riesige Maischpfanne. Zeitgleich stürzen aus einem Tank im Obergeschoss 11 000 Liter entkalktes Wasser herab.

Das Rührwerk mischt das temperierte Wasser mit dem Malz, gleichmäßig im Uhrzeigersinn. Der Inhalt der Pfanne, die Maische, wird stufenweise erhitzt. Erst einmal auf 62 Grad Celsius, später auf 66 Grad, auf 72 Grad, schließlich auf 78 Grad – die sogenannte Abmaischtemperatur. Auf jeder dieser Wärmestufen »rastet« die Maische, wie ein Wanderer, der auf dem Weg zum Gipfel niemanden abhängen möchte. Die natürlichen Enzyme brauchen Zeit und Ruhe, um die Stärke der Gerste in Malzzucker zu verwandeln.

Ansonsten geschieht in diesen herrgottsfrühen Stunden im Brauhaus nichts. Bis um halb acht arbeiten hier nur die Enzyme, ein paar Kontrolllämpchen leuchten. Sie zerkleinern langkettige Moleküle aus Kohlen-, Wasser- und Sauerstoff, während draußen die Münsteraner Innenstadt zum Leben erwacht und die ersten Menschen auf dem Weg in ihre Büros den Rosenplatz überqueren.

Pinkus Müller ist, seit Schließung der Germaniabrauerei im Jahr 1984, die letzte von einst 150 Altbierproduktionsstätten, die es in Münster gab. Ein überschaubarer Betrieb, der mitten in der Stadt pro Jahr 25 000 Hektoliter Bier herstellt. Draußen, vor den Toren Münsters, in Laer, hat die Firma 2006 eine moderne Brauerei mit Abfüllanlage gebaut, um die Platzprobleme in der Innenstadt zu mindern. Damit kann Pinkus Müller leichter größere Kapazitäten herstellen – denn die Brauerei wächst. Die Craftbier-Bewegung hat dafür gesorgt, dass mit den neuen Handwerksbetrieben auch die traditionellen wieder gefragt sind.

Das traditionellste Bier in seinem Sortiment, das Alt, braut Pinkus allerdings noch immer im Zentrum. Das Stammhaus ist in einem alten Komplex untergebracht, dem man aus allen Himmelsrichtungen ansieht, dass er im Lauf von Jahrhunderten zusammengebaut und zusammengeflickt worden ist, auf einem Areal, auf dem einst sieben Altstadthäuser, Kreuzstraße 4 bis 10, aneinanderlehnten.

Wenn heute Produktionsstätten für Bier wieder mitten in eine Stadt hinein gebaut werden, sehen sie garantiert anders als Pinkus aus. Die, die auffallen wollen, eröffnen mit dem Sudhaus gleich eine brauhausgastronomische Erlebniswelt, wie etwa BRLO. Die hat ihr »Brwhouse« mit Bar, Biergarten und Liegestühlen direkt ans Berliner Gleisdreieck gestellt, als hippe Konstruktion aus 38 ausgedienten Überseecontainern. Andere suchen sich Brauorte, mit denen sie sich als urbane Attraktion vermarkten können: Das Level33 in Singapur beansprucht den Titel, höchstgelegene Brauerei der Welt zu sein. Dieser Superlativ ist natürlich kein geografischer. Er bezieht sich auf die 156 Meter zwischen Sudhaus und Straße. Gabriel Garcia braut helles Lager, IPA, Stout und Weißbier im 33. Stock des Marina Bay Financial Centre.

Häufiger sind die Unauffälligen: Handswerksbetriebe von der Größe einer Schuhflickerwerkstatt. Sie stehen in Hinterhöfen oder in Garagen à la Silicon Valley.

Die Zeit monumentaler Braukomplexe in Zentrumsnähe ist hingegen längst vorbei. Einst waren sie stadtbildprägend – längst sind sie zu Kulturdenkmälern geworden, ihre Produktionsstätten wurden in museale Einrichtungen und Eventlocations umgewandelt. Grund dafür sind die Immobilienpreise. Ihretwegen hält auch die Bestehenden meist nichts mehr in der teuren Enge. Sie ziehen an die Peripherie oder machen ihren Laden dicht. Beispiel Zürich: Die helvetische Metropole verlor bis in die 1990er Jahre ihre beiden Großbrauereien. Übriggeblieben (und umgenutzt) ist nur deren Bausubstanz im Westen und Südwesten der Stadt. Neu gegründete Kleinbrauereien sprangen in die Bresche, sie fertigen heute das lokale Zürcher Bier – fast keiner merkt, dass sie da sind.

Bei Hofbräu in München wird zwar noch zentral gezecht, zum Brauen aber ist der bayerische Staatsbetrieb bis fast an den Stadtrand nach Riem gezogen. Gerade noch knapp vor der Grenze hat er seine neue Anlage hingestellt, einen gesichtslosen Industriekomplex. Es gibt einen einfachen wirtschaftlichen Grund, warum die Brauerei das Stadtgebiet nicht ganz verließ, sondern sich am äußersten östlichen Zipfel festgehalten hat: Das Oktoberfest dürfen nur Münchner Brauereien beliefern. Diesen Stadtortvorteil wollte man nicht aufgeben, als man hinaus ins Grüne zog, um dort mit dem Wasser aus einer eigenen Quelle das berühmte Helle zu brauen.

Beispiel Heineken: Der heutige Weltkonzern hockte mehr als hundert Jahre am Rand des Amsterdamer Zentrums, nur wenige Meter südlich des Grachtengürtels. Der Brauereibetrieb im unübersehbaren wuchtigen Klotz aus Klinker ist stillgelegt, stattdessen ist dort Heineken Experience untergebracht: Freizeitpark plus Museum.

In Dublin, immerhin, besteht die Luft zum Atmen noch aus malzigen Schwaden, zumindest im Dunstkreis der Guinness-Brauerei. Das wird auch noch eine Weile so bleiben, denn der überdurchschnittlich weitsichtige Gründer Arthur Guinness unterschrieb 1759 für seine Brauerei einen Pachtvertrag zu 45 Pfund pro Jahr ab. Er ist gültig bis ins Jahr 10759 – bei unveränderten Konditionen. Daher ist nicht damit zu rechnen, dass steigende Immobilienpreise die Stout-Produktion in der City mittelfristig unterbinden werden. Allerdings ist auch hier ein Teil der Anlage, wo früher die Hefen vor sich hin fermentierten, zu einem topmodernen Museum geworden. Wer im Guinness Storehouse auf sieben Stockwerken Arthurs Heldengeschichte abgearbeitet hat, bekommt in der Gravity Bar ein Stout aufs Haus und den 360-Grad-Blick auf die Hauptstadt. Der Ort ist längst zur größten Touristenattraktion Irlands geworden, 1,2 Millionen Besucher jährlich. Barack Obama war auch schon da.

Aber gehen wir zurück ins historische Zentrum von Münster, wo in der Brauerei neben dem Rosenplatz langsam das Leben erwacht. Martin Schröder dreht das Licht an. Die schwüle Luft im Sudhaus riecht malzig. Bevor der Brauergeselle den zweiten Akt im heutigen Produktionsprozess eröffnet, macht er den Jodtest. Er löffelt ein wenig Maische aus der riesigen Pfanne, träufelt Jod dazu. Die Flüssigkeit im Schälchen verfärbt sich gelb. Zufrieden beobachtet er den Lauf der Dinge. Offenbar ist dies die normale, die erhoffte Reaktion.

Doch in seinem Chef kommt Unruhe auf. Friedhelm Langfeld heißt der kräftige Mann, ein Hüne in kariertem Hemd. Der Brauereichef ist zusammen mit seiner Frau Barbara Müller in sechster Generation verantwortlich für den Familienbetrieb – und er freut sich darauf, mir etwas zu demonstrieren. Er rennt aus dem Raum. Sekunden später kommt er zurück und bröselt ein paar Krümel geschrotetes Malz in die Testschale. Wo jetzt das noch frische Getreide auf das Jod trifft, passiert farblich das Komplementärprogramm zum Ereignis davor: Das frische Gemisch wird nicht gelb wie die Maische, es wird blau. Blau bedeutet, dass die Stärke des Malzes mit dem Jod reagiert hat.

Und weil vorher alles gelb geleuchtet hat, weil also in der von den Enzymen bearbeiteten Maische kein einziger Sprengsel Blau mehr zu sehen war, wissen der gelernte Brauereiingenieur Langfeld und sein Biersieder Schröder, dass sich im Kessel die Polysaccharide (riesige Makromoleküle) in Mono- und Disaccharide aufgespalten haben. Die gesamte Stärke der am frühen Morgen gewässerten 1,6 Tonnen Gerstenmalz ist damit zu Maltose geworden, zu Malzzucker.

Zucker ist die Voraussetzung dafür, dass später die gewünschte Gärung in Gang kommt. Dass in zehn bis vierzehn Tagen das alkoholische Getränk Bier entstehen kann. Vollendet wird es in sechs Monaten sein, nach der wichtigen, langen Zeit der Reifung.

Die Brauerei Pinkus gibt es seit 1816. Ihr berühmtes Altbier ist untypisch. Beim Vergären helfen Milchsäurebakterien, was ihm eine weiche Note gibt. Und es ist nicht – wie in und um Düsseldorf herum – dunkel, sondern hell. Pinkus Alt erinnert an Kölsch – was wiederum die Kölner nicht gern hören; denn Kölsch gedeiht nur in Köln, und Altbier bleibt Altbier, auch wenn es sich als Helles tarnt.

Erst nach 162 Betriebsjahren machte der Zufall Pinkus Müller wirklich zu etwas ganz Besonderem in der (trotz Vereinheitlichung im Zuge der Pilswelle) artenreichen deutschen Brauereilandschaft. Denn 1978 schuf der damalige Braumeister Hans Müller etwas ganz Neues. Ein Bauer pries ihm eine besondere Ladung aus seiner Produktpalette an. Ungewöhnlich damals – es handelte sich um biologische Braugerste.

Der neugierige Meister kaufte, probierte aus und war von der Qualität so begeistert, dass er seinen Laden zur ersten Biobrauerei der Welt machte. Seit fast 40 Jahren ist alles Bio, was bei Pinkus Müller den Betrieb verlässt. Sogar die Limonade für Radler, das in Hamburg Alsterwasser und im Saarland sowie in der Schweiz Panaché heißt, enthält Zitronensaft aus ökologischem Anbau.

Auffällig an Pinkus ist auch die dazugehörige Altbierküche, sie prägt genauso die Innenstadt mit ihrer Anwesenheit, scheinbar seit Urzeiten. In der von Patina verdunkelten Wirtsstube haben sich die Gäste nicht nur über Jahrzehnte zum Bier die passenden Münsterländer Spezialitäten einverleibt – »Möppkes- un Liärberbraut met Schmoräppelkes oder Pfefferpotthast«. Sie haben auch für die Ewigkeit mit ihren Taschenmessern die eigenen Namen in die massiven Tischplatten geschnitzt. Oder verliebt ein großes Herz.

Einer hat im Holz ein Pferd hinterlassen, ein anderer einen Riesenpenis. »Die Ratlosen« trafen sich offenbar hier und wollten es die Welt bis heute wissen lassen. Ein Hakenkreuz ist nach Jahren zwar noch erkennbar, aber ein späterer Gast hat mit seinem Messer daran weitergearbeitet, es zu einem Sprossenfenster ergänzt – und so fast verschwinden lassen.

Eine Pumpe setzt sich in Gang. Sie spült den gesamten Sud hinüber in den Läuterbottich. »Abläutern ist nichts anderes, als das Flüssige vom Festen zu trennen«, versucht Langfeld seinem Besucher den nächsten Schritt einfach zu erklären. Das Malz, sagt er zu mir, habe schließlich seinen Zweck erfüllt, wenn es die Würzstoffe abgegeben hat. Im Läuterbottich sinken die Malzreste – das sind vor allem die Spelzen der Getreidekörner – nun langsam ab und bilden unten auf dem Sieb den Malz- oder Treberkuchen. Der dient als natürliche Filterschicht.

Lässt dann der Pinkus-Brauer Schröder den Sud aus dem Läuterbottich abfließen, filtert der Treberkuchen die nicht verflüssigten Malzbestandteile, die Schwebestoffe, heraus. Die gewonnene klare Flüssigkeit ist die Vorderwürze. Ein paar Mal plätschert nun noch zusätzlich 78 Grad heißes Wasser auf die Malzreste. Diese Nachgüsse waschen weitere Extrakte und Malzzucker aus dem Treberkuchen heraus – verringern aber am Ende auch die Gesamtkonzentration in der gewonnenen Flüssigkeit, der Würze.

»In diesem Moment entscheiden wir, wie das Bier danach schmeckt«, sagt Langfeld. Denn irgendwann ist die abfließende Lösung so zuckerarm, dass sie »Glattwasser« heißt. Ließen die Brauer weiterhin dieses fade Glattwasser in die Würze laufen, würde diese zu sehr verdünnt. Sie stoppen daher den Prozess. Für das Pils, das heute gelingen soll, brauchen sie eine Würze »mit elf Prozent Extrakt«. Elf Prozent ist der Anteil gelöster Malz- und Hopfeninhaltsstoffe – der sogenannte Stammwürzegehalt. Der wiederum hat Einfluss auf den späteren Alkoholgehalt: viel Würze, viel Alkohol.

Es dampft gewaltig, als Martin Schröder die Schiebetür der Würzepfanne öffnet, in der nach dem Filtern die gesamte Produktionsmenge dieses Arbeitstages brodelt. Schaumhaufen schwimmen auf der kochenden Würze – es sind Eiweiße, die verklumpen. Mehrmals wirft der Brauer Hopfen hinein, der durch das Kochen seine Bitterstoffe entlässt. Grundsätzlich kommt bei Pinkus Müller kein Hopfenextrakt in die Pfanne, sondern stets ganze Dolden oder Pellets, »je nach Verfügbarkeit«. Milde Biere erhalten sechs Kilogramm Hopfen pro Pfanne; weil er heute Pils zubereitet – Pils muss bitter sein –, kommen zwanzig Kilo hinein. Viele Aromastoffe entschwinden allerdings mit dem Dampf, sodass er die letzte Gabe – die edelste Sorte, den Aromahopfen – erst eine Viertelstunde vor dem Ende des Kochens in die Pfanne mit den 10000 Litern Würze wirft.

In allen Winkeln dieses alten, großen Hauses führen Treppen hinauf oder hinab und Schleusen und Schächte ins Irgendwo. Es gibt hier viele geheimnisvolle Orte, an denen still und langsam Prozesse in Gang sind. Die Verbindung zwischen diesen Orten stellen Schläuche und Rohre her, die nach unergründlicher Morphologie das Labyrinth durchschlängeln. Die heiße Würze wird in einen Nebenraum geleitet, dort durch die Lamellen eines Kühlers, der aussieht wie das entsprechende Organ eines Lastwagens aus der Nachkriegszeit. Hier gibt die Würze ihre Hitze an das Kühlwasser ab, das im isolierten Tank übernachten und am Folgetag, als noch immer gut temperierter Rohstoff, selbst zu Brauwasser wird. Die Würze indes fließt als das »rohe« Pils von heute mit sieben bis acht Grad weiter in den Gärkeller.

Dort trifft es auf die Hefe. Die Luft verrät, dass die Pilzsorten S. cerevisiae und S. carlsbergensis permanent ihre Arbeit verrichten. Einen Tag ruht das angehende Bier im Anstelltank, danach rund zehn Tage im Gärbottich. Langfeld stellt sich auf die Leiter, schaut über den Rand und registriert mit Genugtuung den langsam wachsenden weißlichen Teppich auf dem gestrigen Altbier. Im Tank daneben mit sechstägigem Pils ist der »Hopfentrieb« an der Oberfläche zu faustdickem braunem Schaum geworden, der aussieht wie geschlagenes, gebackenes Hühnereiweiß. Bald wird das Jungbier »geschlaucht«, was nichts anderes heißt, als dass es in einen Lagertank im Reifekeller weitergepumpt wird und dort monatelang seinen Charakter weiterentwickeln darf.

Die unterirdischen Gewölbe, die ältesten Gefilde der Brauerei, wirken klein, obwohl hier 4000 Hektoliter Biervorrat von Pinkus Müller lagern. Da ein Tank mit 160 Hektolitern Altbier, gebraut vor drei Monaten. Dort 120 Hektoliter Pils und 30 Hektoliter Jubilate, ein dunkles Vollbier. In diesen geschlossenen Behältern hat das Bier Zeit für die Nachgärung. Danach wird es gefiltert, bevor es schließlich im Drucktank darauf wartet, abgefüllt zu werden.

Manche seiner 14 Getränkesorten rührt Langfelds Brauerei nur einmal im Jahr an, eine Würzepfanne voll mit Bockbier reicht, um die jeweilige Kundschaft zu versorgen. Auch Pinkus Classic ist ein solches Minderheitenprogramm. Es ist das Resultat eines Projekts der Landwirtschaftskammer Nordrhein-Westfalen. Die bat ihn, bei der Erhaltung genetischer Ressourcen mitzuwirken, und Langfeld erklärte sich bereit, mit »Dr. Francks Grannenabwerfende Imperialgerste« zu arbeiten. Zuvor waren in einer Saatgutbank in Dresden ein paar Körner dieses ertragsarmen, aber robusten Getreides aufgetrieben worden, mit dem bis Anfang des 20. Jahrhunderts norddeutsche und britische Brauer gearbeitet hatten – bevor die Sorte weggezüchtet wurde.

Zwei Jahre dauerte es, bis ein Münsterländer Bauer ein Feld mit der 120 Zentimeter hohen Pflanze bestellen konnte und schließlich die erste Fuhre Imperialgerste bei Pinkus ablieferte. Seit 2004 gibt es das Retrobier. So etwas kann es nur an einem Ort geben, wo kein Pfennigfuchser jeden Produktionszweig hart durchrechnet, sondern ein entschlossener Unternehmer auf etwas Einzigartiges setzt, mit dem sich gerade so viel erwirtschaften lässt, dass es irgendwie weitergeht. So verdankt Langfeld der Landwirtschaftskammer sein Lieblingsbier für den Sommer. Dessen Säure und Fruchtigkeit ermuntern ihn, den Versuch fortzuführen.

Ein weiteres Lieblingsbier hat er vor acht Jahren neu erschaffen. Ein extrem herbes, bitteres. Eines, wie es Jever einst war, oder das König Pilsener, das früher rund 40 Bittereinheiten hatte. Längst weisen die beiden Großmarken nur noch etwa 30 Bittereinheiten auf – der Konsumentengeschmack hat es diktiert. Viele andere Pilsbiere haben gar nur noch 22 Bittereinheiten. Der Zeitgeist verlangte in den 1990er Jahren nach Mildem, Leichtem, Dezentem. Langfeld aber – der ja auch auf den Zeitgeist hören musste und sogar Alkoholfreies zu fertigen begann –, dieser Langfeld sagt, als er die Tür des Reifekellers zuzieht und die schmalen Stufen emporgeht: »Ich dachte, ich braue jetzt mal ein Vierziger.« Ein Bier mit 40 Bittereinheiten. Damals, vor zehn Jahren, ein Kracher für Extremisten, heute würde er von den Craftbier-Freaks für solche Pläne belächelt. Denn seit Bier zum Modegetränk geworden ist, unterliegt es den Gesetzen des Zeitgeistmarketings: immer höher, immer größer.

Langfelds Idee, ein Vierziger herzustellen, war aber kein Marketinggag. Der Kleinbrauer wollte einfach brauen, was er selbst auch trinken wollte. Und weil die Craftbier-Bewegung mit ihren hopfengestopften IPAs sich damals hierzulande erst anschickte, den Markt zu bespülen, kann man getrost behaupten: Pinkus war dem Zeitgeist voraus mit seinem Retro-Hardcore-Pils.

Die dritte Seele des Biers: der Hopfen

Als ich mich für dieses Buch in Sachen Hopfen auf den neusten Stand bringen wollte und zu diesem Zweck die 2018er Liste der International Hop Growers' Convention (IHGC) anschaute, tat mir der Kehrwieder-Brauer Oliver Wesseloh zum ersten Mal richtig leid. Mir wurde bewusst: Da kommt noch einiges auf den Meister zu, wenn er vor seinem Ableben all die hochfliegenden Hopfenpläne in Biere umsetzen will.

Zuvor war ich jahrelang immer nur neidisch auf ihn gewesen. Auf ihn und seinen Beruf. Gibt es etwa ein bekömmlicheres Leben, als tagein, tagaus Bier zu brauen, dem malzigen Sud beim Köcheln zuzusehen und an einer frischen Hopfengabe erst zu riechen und sie dann in der werdenden Köstlichkeit zu versenken – im Wissen, dass man das Resultat in wenigen Wochen gekühlt auf dem Balkon oder im schattigen Garten verkosten darf?

Wesselohs Idee mit der »Shipa«-Serie gefiel mir von Anfang an. Die Abkürzung steht für »Single Hop India Pale Ale«. In seiner Kreativbrauerei hat er schon mehr als dreißig verschiedene IPAs gebraut, die alle nach demselben Grundrezept gefertigt sind – aber jeweils mit einer anderen einzelnen Hopfensorte gewürzt. Auf diese Weise will Wesseloh der Menschheit demonstrieren, dass jede einzelne Hopfenvariante mehr kann, als nur ein Getränk bitter zu machen.

Was der Hamburger Braumeister da macht, ist eine Art Volkshochschule für die Freunde des Hopfens. Wer sich als Pennäler durch den Lernstoff arbeitet, indem er sich ein Shipa nach dem anderen aus dem Kühlschrank holt, der lernt mit jeder Flasche Essenzielles dazu: dass sich mit dem Hanfgewächs namens Humulus lupulus (dank der Öle in seinen Blüten) Aromen von Heidelbeere oder Karamell, Limette oder Melone, Heu oder Lebkuchen ins Bier zaubern lassen.

Simcoe, Cascade und Amarillo – mit diesen drei Hopfensorten hat Kehrwieder 2013 angefangen. Dann kamen die Shipa-Varianten mit Hüll Melon, Polaris und Mandarina Bavaria dran, später Ella, Equinox, Vic Secret, Galaxy, Saphir. Noch später braute Wesseloh Single-Hop-IPA mit Hallertau Blanc, Enigma, HBC 431, Monroe oder Ariana.

Und so weiter.

Doch plötzlich war da dieser Moment, an dem der Lehrmeister mir leidtat. Als ich mich auf der besagten 2018er Hopfenliste der IHGC bis zum Ende durchgearbeitet und dabei vor allem mitgezählt hatte, kam ich auf eine Gesamtzahl von 267 zertifizierten Sorten. Und dachte sofort an ihn. Will dieser Verrückte sein Lebenswerk vollenden, so rechnete ich nach, dann müsste er in seinen Kesseln noch mehr als 200 Shipa-Kreationen gebären. Gelinde gesagt: eine echte Herausforderung. Natürlich wird er sich weitgehend auf die Aromasorten beschränken – also auf jene, die dank ihrer besonderen

Zusammensetzung der verschiedenen Hopfenöle das Bier so vortrefflich parfümieren können. Dann sind es ein paar Varianten weniger. Die Bitterhopfen, die man intensiver auskocht, damit sie mit ihren Alphasäuren (die in den Harzen stecken) eine ordentliche Bittere erzeugen – diese könnte man erst einmal weglassen. Für den Biertrinker würde das bedeuten: Er wird nie ein Shipa mit einem Boomerang-Hopfen aus Tschechien zu trinken bekommen. Keines mit Erciyas aus der Türkei, keines mit Podvyzny aus Russland.

Trotzdem bleiben genug Sorten, damit Wesseloh hundert Jahre alt werden muss, wenn er sich durch die ganze Vielfalt durchbrauen will und wenn am Ende auch die ukrainischen Hopfensorten bei Edeka im Regal stehen sollen: zum Beispiel Flaschen mit Shipa Starovolynskyi aromatychnyi.

Das Riesenspektrum an Sorten ist nur mit Leidenschaft erklärbar. Der Mensch hat das Potenzial dieser Kletterpflanze früh entdeckt. Aus medizinischer Warte faszinierten jene Inhaltsstoffe aus den Dolden der weiblichen Pflanzen, die den Hopfen zum erstklassigen Sedierungsmittel machen: Er beruhigt und lässt einen daher gut schlafen. Zusätzlich regt er Appetit und Verdauung an. Den Brauer wiederum erfreut, was Hildegard von Bingen bereits im Jahr 1153 zu Papier brachte. »Putredines prohibet in amaritudine sua«, schrieb sie, was auf Deutsch heißt: »Seine Bitterkeit verhindert die Fäulnis.« Tatsächlich hilft die antiseptische Kraft der Alphasäuren im Hopfen, Bier länger haltbar zu machen.

Da sich durch Zucht die Aromenvielfalt, die über die

ätherischen Öle ins Bier gelangt, in beeindruckendem Maße steigern ließ, steckte die trinkende Menschheit so viel Verve in die Kultivierung, wie sie es nur bei wenigen Pflanzen auf dem Planeten getan hat. Nun gut, es gibt angeblich rund 3 000 Kartoffel-, 4 000 Tulpen- und 5 000 Apfelsorten. Mit diesen Zahlen kann der Hopfen nicht ganz mithalten. Trotzdem ist Humulus lupulus der König unter den Kulturpflanzen. Die Tulpe macht glücklich, der Apfel erfrischt, die Kartoffel macht satt – all diese positiven Wirkungen kann der Hopfen im Körper auf einmal entfalten (im Verbund mit Wasser, Malz und Hefe).

Seine Leistungsfähigkeit darf uns aber nicht blenden. Der Hopfen ist ein sensibles Geschöpf. Seine wunderbaren Wirkungen leiden, wenn wir ihm nicht größte Sorgfalt zuteil werden lassen. Allein die Ernte ist ein entscheidender Moment: Sie muss schnell gehen. Die auf dem Feld abgeschnittenen, acht Meter langen Pflanzen landen als Ganzes in der Pflückmaschine, wo Dolden und Blätter abgestreift und voneinander getrennt werden. Manche Fuhre mit frischen Dolden landet gleichentags im Sud eines Brauers. Das Resultat sind grüngehopfte, herrlich nach frisch gemähtem Rasen schmeckende Biere. Von »Wet Hop« oder »Green Hop Beer« sprechen die Brauer im angelsächsischen Sprachraum.

Der viel größere Rest der Ernte muss umgehend zum Trocknen. Vier bis sechs Stunden wird der Hopfen gedarrt, bis der Wassergehalt um die 10 Prozent liegt. Denn das wasserreiche Gewächs fault schnell. Wird es nicht getrocknet oder im Tiefkühler gelagert, zerstört eine geheimnisvolle Fermentation den betörenden Duft innerhalb von zehn Stunden.

Ins Bier kommt der Hopfen in Form von Dolden (selten), als Pulver oder zu Pellets gepresst. Und immer häufiger als Extrakt: Die Bitter- und Aromastoffe, also die Harze und Öle, werden entweder mit einer Alkohol-Wasser-Mischung oder unter Hochdruck mit (sogenannt überkritischem) Kohlenstoffdioxid aus der Pflanze gewonnen. Wer mit Fachleuten über den Einsatz der extrahierten Essenz disputiert, findet sich umgehend in einem Glaubensstreit wieder. Manche sagen, ein Unterschied sei nicht oder kaum feststellbar – schließlich seien die wesentlichen Ingredienzien in reinster Form im Extrakt vorhanden.

Ich persönlich kann mir eine solche Behauptung nur mit sensorischer Tumbheit erklären. Als Teil jener Fraktion, die beim Trinken sehr wohl einen qualitativen Unterschied festzustellen glaubt, wenn statt Hopfen in Pelletform grüne, zähflüssige Schmiere untergemischt worden ist, erlaube ich mir meinungsstark ein persönliches Urteil: Mit Hopfenextrakt fabriziertes Bier liegt so hart und sperrig im Mund wie ein kantiges Stück Feuerstein. Der Grund dafür könnte in den Polyphenolen liegen. Ihr Anteil ist im Extrakt geringer als in den Pellets – sie sind jedoch mitverantwortlich für ein gutes Mundgefühl.

Es gibt weitere Möglichkeiten, der edlen Pflanze Leid anzutun, das sie nicht verdient hat. Nachdem sich ihre Triebe einen Sommer lang fleißig im Uhrzeigersinn dem Himmel entgegengerankt haben, nachdem sich jede

Pflanze aus dem Gesamtspektrum von 400 Hopfenölsubstanzen ein individuelles Geschmacksbouquet zusammenkombiniert hat, nachdem der Bauer beim Ernten und Trocknen Sorgfalt hat walten lassen, nachdem der Brauer auf das Grad Celsius genau die Temperatur zum Zeitpunkt der Hopfengabe kontrolliert hat, nachdem fleißige Hefen den Zucker vergoren haben und nachdem schließlich das Bier selbst in wochenlanger Muße der Perfektion entgegengereift ist – lässt sich immer noch alles versauen.

Es kann zum Beispiel sein, dass das Bier wochen- oder gar monatelang bei 25 Grad im Supermarkt auf seinen Verkauf wartet. Der Händler türmt es aus Platzmangel (oder weil er es potenziellen Kunden als Billigangebot unter die Nase halten will) vor seinem Laden auf, in der prallen Sonne. Der Käufer stellt es auf den Balkon und merkt nicht, dass der Sommer Anlauf genommen hat. Es gibt viele Wege, kaputt zu machen, was der Hopfen an Gutem erschaffen hat.

Sein Charakter reagiert besonders schnell auf die drei Zerstörer Wärme, Licht und Sauerstoff. Mehr noch als malzige Dunkle oder Bockbiere leiden darunter die hopfenbetonten Pilsbiere und IPAs: Ihre Bittere nimmt ab, das Ursprungsaroma verschwindet. Stecken die Biere zu allem Elend in weißen oder grünen Flaschen, können sie in einer Rekordzeit von ein bis zwei Tagen olfaktorisch und gustatorisch zerstört sein – angebliches Mindesthaltbarkeitsdatum hin oder her.

Was das für den Konsumenten bedeutet? Frisches Bier kaufen und vor allem die hopfigen Sorten dunkel bei vier Grad Celsius lagern. Je höher der Alkoholgehalt, desto robuster ist der Inhalt einer Flasche. Insbesondere die hopfengestopften Spezialitäten aber, denen das Kraut erst im Lagertank verabreicht wird, sind wahre Sensibelchen.

Wie sorgsam mit Humulus lupulus umzuspringen ist, weiß hierzulande niemand besser als der, der ihn hat aufwachsen sehen: Der Pflanzer in einem der großen deutschen Hopfenanbaugebiete Hallertau, Elbe-Saale, Tettnang oder Spalt. Wir nähern uns ihm, indem wir noch einmal auf die lange Liste der internationalen Hopfenlobby schauen, denn sie ist in vielerlei Hinsicht ein horizonterweiterndes Dokument. Sie enthält, neben den ukrainischen, zahlreiche weitere Sorten, von denen ich noch nie zuvor gehört habe. Zwei davon heißen Petit Blanc und Tardif de Bourgogne, beides ursprünglich französische Aromahopfensorten. Angebaut aber werden sie nur noch an einem einzigen Ort der Erde: in Tettnang, Süddeutschland. In einem einzigen, in vierter Generation geführten Familienbetrieb. Und dort auf zwei winzigen Äckern, beide gerade mal je 0,25 Hektar groß.

Jetzt sind wir endlich dort angekommen, wohin ich in diesem Kapitel über die leidenschaftliche Liebe zum Hopfen unbedingt wollte: bei Locher-Hopfen. Der landwirtschaftliche Betrieb, der diese beiden Orchideen der Hopfenszene anbaut, hätte es marketingtechnisch nicht nötig, dass sein Name hier steht, in der bescheidenen Öffentlichkeit dieses Buchs. Denn Locher-Hopfen wird die Bude eingerannt. Der Betrieb produziert das, was im Moment in der Brauerszene in Sachen Hopfen als der allerletzte Schrei gilt: nicht etwa amerikanische Geruchsgranaten wie Cascade oder Amarillo, sondern lokale Spezialitäten, Landsorten, mit einem eigenen Terroir und einer Geschichte dazu. Sie sollen authentisch produziert sein, möglichst exklusiv in kleinen Mengen, von Bauersleuten, die man kennenlernen kann, wenn man zu ihnen auf den Hof fährt.

Das ist bei Locher-Hopfen der Fall. Locher vermarktet direkt. Neun verschiedene Sorten insgesamt. Sie heißen zum Beispiel Tettnanger, Tradition, Smaragd, Perle, Herkules, Ariana – über jede ließe sich viel berichten. Doch am schönsten sind die Geschichten von Petit Blanc und Tardif de Bourgogne. Marie Locher hat sie mir verraten, und ich muss sie hier unbedingt erzählen.

Marie Locher ist die Schwester von Ludwig Locher, der den Betrieb heute leitet. Ich kenne sie aus der Jury des European Beer Star. Marie ist eine exquisite Kennerin, eine ausschweifende Erzählerin, sie ist nicht zu stoppen. Die Geschichte geht so: Maries Eltern waren auf Exkursion durch die Heimatregion ihrer französischen Mutter, das Burgund. Tag für Tag verkosteten sie Wein und Käse. Zwischendurch besuchten sie ein Hopfenmuseum in der Nähe eines früheren Hopfenbaubetriebs. Dort hatten – gehätschelt vom Sohn des einstigen Bauers – im Hinterhof die Stöcke von zwei uralten Sorten überlebt, die längst als verloren galten. Halb als »Gag«, halb aus »nostalgischen Gründen«, um ein Pflänzchen aus Mama Lochers französischer Heimat zu haben, erinnert sich Marie, habe der Vater Stecklinge mitgenommen. Dazu muss man wissen, dass sich Hopfen ungeschlechtlich vermehren lässt: Man schneidet Wurzelstecklinge ab oder nimmt die im Frühjahr beim Zurückschneiden des Hopfens anfallenden Triebstecklinge, stopft sie in die Erde und sorgt für etwas Feuchtigkeit – das Resultat ist ein Klon der Ursprungspflanze.

»Wir setzen sie mal da hin«, habe der Vater damals nach der Rückkehr von der Wein- und Käsereise gesagt. Und die Klone überlebten. Später beschloss dann sein Sohn, Maries Bruder Ludwig, Petit Blanc und Tardif de Bourgogne richtig anzubauen. »Probieren wir mal.« Er stopfte reihenweise Stecklinge (oder »Fechser«) in die Erde, und dank seines grünen Daumens geht es den beiden Landsorten hier heute hervorragend.

Wer als Hopfenbauer das jeweils Richtige auf seinem Acker stehen haben will, muss ein gutes Gespür haben und langfristig planen. Er sollte quasi in die Zukunft schauen können, um ökonomisch erfolgreich zu sein. Denn ein Feld mit einer Sorte zu bestellen, ist im Idealfall eine Investition für die nächsten zehn bis 20 Jahre.

Als Ludwig den Hof übernahm und damit begann, die französischen Landsorten auszubauen, wurden dort noch Bitterstoffsorten wie »Taurus« gepflanzt. Laut Marie eine »grässliche Sorte«, bitter bis zum Abwinken, weil randvoll mit Alphasäuren.

Aber so war zwischenzeitlich der Trend. Manch alte Hopfenspezialität musste zugunsten einer simplen Hochalphasorte »im wahrsten Sinne des Wortes das Feld räumen«, erinnert sich Ludwig Locher. Opfer einer solchen Neupflanzung: die Sorte Rottenburger.

Sie liefert die nächste herzerwärmende Geschichte

für jeden zur Melancholie neigenden Hopfenfreund. Nur eine einzige widerspenstige, zähe Pflanze überlebte auf dem Locherschen Hof. Sie stand am Ende einer sogenannten Spitzreihe, also auf dem allerletzten Meter eines dünn auslaufenden Ackerstücks. Nachdem alle übrigen Rottenburger vernichtet worden waren, ließ man den letzten Spross dieses Hanfgeschlechts über Jahre hinweg einfach in Ruhe. Unbeeinträchtigt von den Einflüssen der maschinellen Landwirtschaft überlebte die Pflanze laut Zeugenaussagen erst »klammheimlich«, dann habe man sie »aus Nostalgie« weiterhin wachsen lassen.

Schließlich rettete das weiche Locher'sche Herz nach Petit Blanc und Tardif de Bourgogne ein weiteres verloren geglaubtes Wesen, weil irgendwann die Idee reifte, auch diese vergessene Sorte wiederzubeleben. Aus den offiziellen Listen war sie längst verschwunden. Immerhin stieß Ludwig in vergilbten Dokumenten auf fachliterarische Spuren von Rottenburger Spät. Er fand die Sortenbeschreibung: zylindrische Wuchsform mit starker Kopfbildung, Doldenhauptbehang im oberen Drittel der Pflanzen, stark gespreizte Doldenanordnung, stark geneigte Haltung der großen bis sehr großen Hauptblätter an der Hauptrebe.

Mit Hilfe des Hopfenversuchsfelds Tettnang-Strass und des Landwirtschaftsamts Friedrichshafen gelang der Nachweis, dass es sich tatsächlich um die alte Sorte handelte. Rottenburger Spät schaffte es, sich den Platz auf der Sortenliste zurückzuerkämpfen. Seit 2014 steht sie wieder dort, als wäre sie nie weggewesen, ganz stolz zwischen dem Aromahopfen Riwaka (aus Neuseeland) und dem Bitterhopfen Rubin (aus Tschechien).

»Zedernholz, Sandelholz, Kiefer, Lavendel, Grüne Paprika, Pfefferminze«, beschreibt Ludwig Locher das Aromaprofil seines wieder auferstandenen Schützlings. Und Marie findet ähnlich freundliche Vergleiche, wenn man sie nach dem Charakter der Sorte Petit Blanc fragt: »Papaya, Melone, Kirsche, Flieder, Ananas, Zitronenblüte, Grüner Tee, Bienenwachs« und trotz der Fruchtnoten »vornehm zurückhaltend«.

Je länger man den Hopfenpflanzern zuhört, desto mehr wünscht man sich, die Wertschätzung des Hopfens würde sich wie selbstverständlich auf den Brauer übertragen und am Ende tränke man ein Bier, in dem man all diese wunderbaren Charaktereigenschaften der auf dem kleinen Tettnanger Hof geretteten Stauden fände.

Ich werde mit Oliver Wesseloh reden müssen. Denn Ludwig Locher hat mir zwar erzählt, dass die 500 Kilogramm Petit Blanc, die 500 Kilogramm Tardif de Bourgogne und die knapp zwei Tonnen Rottenburger Spät jedes Jahr im Nu ausverkauft seien – »aber für ein kleines Paket reicht es immer«.

Vielleicht sollte ich im Spätsommer nach der Ernte mit ihm einfach hinfahren! Und noch vor Weihnachten trinken wir dann Shipa Tardif de Bourgogne, Shipa Petit Blanc, Shipa Rottenburger Spät.

Reinkarnation – Auferstehung von den Toten

Es ist Dienstag, und die muffelige Laune, die am Morgen noch unter meiner Schädeldecke herumgekrochen ist, verflüchtigt sich im Nu, als ich auf meinem Schreibtisch im Büro eine Pappkiste sehe mit dem Absender: TU München, Weihenstephan. Ich ahne, was drin ist, reiße den Deckel auf und ziehe vier säuberlich gepolsterte braune Flaschen heraus. Auf jeder klebt ein kleines, improvisiertes rechteckiges Etikett. Darauf ist, zumindest indirekt, Bezug genommen worden auf den Inhalt: Auf einem Etikett steht »Quercus«, auf den anderen »Cella«, »Ceret«, »Franconia«.

Mathias Hutzler, der Hefejäger aus München, hat Wort gehalten. Bei den vier Bezeichnungen auf dem jeweiligen Etikett handelt es sich um die Namen der Hefen, die den jeweiligen Flascheninhalt vergoren haben. Quercus, Cella, Ceret und Franconia produzierten offensichtlich trinkbare Resultate.

Oder hat Hutzler mir auch die Missratenen geschickt? Ich werde sie bald probieren und es herausfinden. Erst aber stelle ich die Flaschen kühl. Schließlich habe ich heute noch etwas vor. Ich mache mich auf den Weg – zu einem anderen Besessenen, der sich ebenfalls damit beschäftigt, die Toten der Bierwelt wiederzubeleben.

Drei Stunden später treffe ich in Münster ein und dort auf Wilhelm Schoppmeier. Ich kenne ihn aus der Jury des European Beer Star. Auf der letzten Großverkostung in München hat mir der gelernte Braumeister davon erzählt, was er macht, wenn er nicht in seinem Hauptjob Brauereien berät und deren technische Planung übernimmt. Dann kümmert er sich um seine eigenen Projekte, eines heißt Friedensreiter Bräu.

Er öffnet eine Flasche, auf deren Etikett das Symbol des Westfälischen Friedens abgebildet ist: einer jener Reiter, die 1648 von Münster aus in alle Himmelsrichtungen ritten und die frohe Mär vom Ende des Dreißigjährigen Kriegs auf dem Kontinent verkündeten. Schoppmeiser schenkt ein, es ist ein Helles, mit etwas untypischer Farbe: ein intensives Gelb – als ob das Bier mit Safran gewürzt worden wäre. Die sonnige Kolorierung ist ein Hinweis darauf, was an diesem Bier besonders untypisch ist. Das Malz für das Bier stammt von einer Getreidesorte, die es quasi nicht mehr gegeben hat. Gerade mal vier Körner der Schwarzen Pfauengerste waren übrig. Sie lagen in der Genbank von Gattersleben.

Ein Gemeinschaftsprojekt brachte die Schwarze Pfauengerste zurück auf den Acker. Zusammen mit der Hochschule Eberswalde und der Landwirtschaftskammer Nordrhein-Westfalen hat Wilhelm Schoppmeier einen Verein gegründet. Er heißt Historisches Braumalz und Braugetreide e. V. und kümmert sich um die Wiederbelebung historischer Getreidesorten, die geeignet sind, im Bier zu landen.

Drei der vier Körner steckten Wissenschaftler in einen

Blumentopf. Diesen stellten sie ins Gewächshaus und warteten. Das Getreide keimte, wuchs und vermehrte sich später auf den Anbauflächen regionaler Landwirte. Nach einem Jahrzehnt war die erste Tonne wiederauferstandener Schwarzer Pfauengerste beisammen. Das Getreide hat riesige Grannen an ihren aufrechtstehenden Ähren, die Körner sind von Natur aus schwarz, weil die Epidermis der Samen sehr viel phenolische Farbstoffe enthält.

Bevor Schoppmeier mir erzählen will, wie er daraus dieses leuchtende Helle gewonnen hat, prüft er erst einmal mit einer etwas fiesen Frage die botanischen Grundkenntnisse seines Gastes. Ich scheitere. Ich weiß beim besten Willen nicht, warum die Gerste solche Grannen hat. Für all jene, die in der Materie noch unbeleckter sind als ich: Grannen sind die langen Fäden, anhand derer es sogar dem Laien gelingen sollte, Gerstenähren von Weizenähren zu unterscheiden.

Aber wozu taugen sie, diese langen borstenartigen Fortsätze des Pflanzenorgans? Sie dienen der Verteidigung. Die Evolution hat es so eingerichtet, dass die Gerste diese langen, fast stachligen Fäden wachsen lässt, um Vögel davon abzuhalten, sie zu fressen. Die Erectum-Gersten, zu denen die Schwarze Pfauengerste gehört, sind besonders wehrhaft, bei ihnen stehen die Grannen als breiter Fächer aufrecht von der Ähre ab.

Jetzt besteht Schoppmeier aber darauf, dass ich endlich sein Helles probiere. Es ist auffallend intensiv gehopft. »30 Bittereinheiten«, sagt der Braumeister, »eine westfälische Interpretation des Hellen.« Zum Hallertauer Mittelfrüh hat er noch etwas amerikanischen Aromahopfen der Sorte Cascade hinzugegeben und so seinem westfälischen Retrohellen eine frische Prise Zeitgeist eingeimpft. Auch das Malzaroma versteckt sich nicht, das Bier schmeckt kräftig nach Getreide. Außerdem hat die langsame Vergärung das Getränk mit extrem feiner, natürlicher Kohlensäure ausgestattet. Diese lässt das Bier besonders weich die Zunge umspülen – so sanft wie am Strand eine auslaufende Gischt die Zehen streichelt. Schon der erste Schluck bestätigt mir: Die Wiederbelebung hat sich gelohnt. Es war zum Wohl der Menschheit, dass die tapferen Grannen die gefräßigen Vögel vom Verzehr abgehalten haben.

Jenseits der Sorgen um die biologische Vielfalt – aber auch jenseits nostalgischer Anwandlungen – gibt es gute Gründe, die vergessenen Sorten aus den Archiven zu holen. Die Alten sorgen im Sud für mehr Geschmack. Dieser Eindruck geht nicht nur aus meinen subjektiven Freuden beim Trinken des hellen Friedensreiters hervor. Wissenschaftlich hat das Institut Romeis diesen Sachverhalt ergründet. Auf identischen Brauanlagen, mit identischen Rezepten und identischem Hopfen hat Schoppmeier mit den Forschern historisches und »normales« Malz verbraut. In der anschließenden Verkostung schmeckten die Biere aus historischen Zutaten kräftiger, besser, malziger – Resultate, die sich in der Laboranalyse spiegelten. Die Anteile der Inhaltstoffe unterschieden sich: Die alten Sorten waren deutlich eiweißhaltiger, den modernen mangelte es an Gerbstoffen.

Der Grund dafür liegt in der Entwicklung, die um

1900 einsetzte. Für die Landwirtschaft erarbeiteten die Züchter Sorten, die möglichst große Stärkeanteile und pro Hektar riesige Mengen lieferten. »Ob man es will oder nicht, mit der ganzen Züchterei hat man große Anteile des Geschmacks aus dem Korn entfernt«, erzählt Schoppmeier. Man müsse es so drastisch sagen: »Das heute verwendete Braugetreide leidet an Eiweißmangel.«

Bei den Sorten, die vom 17. bis Ende des 19. Jahrhunderts angebaut wurden, ist dies nicht der Fall. Ich kann diesen Effekt nun selbst in meinem Glas beobachten. Es ist leider schon leer (was das Bier betrifft), da aber Eiweiße zusammen mit Hopfenbestandteilen dem Schaum zu Stabilität verhelfen, kleben auch jetzt, nach dem Austrinken, noch immer dicke, weiße Fetzen im Inneren meines Behälters – so fest wie Montageschaum auf der Baustelle.

Die Ingredienzien, die dieser Schaummasse ihre Unerschütterlichkeit verleihen, fehlen in modernem Zuchtgetreide weitgehend. Die Brauer, sagt Schoppmeier, hätten wegen des Eiweißmangels tatsächlich schon Probleme bekommen. Nicht nur, weil der Schaum bereits Sekunden nach dem Einschenken in sich zusammensackt. Auch die Fütterung der Hefen, auf deren Hilfe beim Vergären keine Brauerei verzichten könne, sei mancherorts ins Stocken geraten.

Schoppmeier hat eine neue Flasche geholt. Das dunkle Lager ist dran – Nummer zwei von drei Sorten, die seine junge Firma bislang eingebraut hat. Friedensreiter wird auch in Zukunft das Alleinstellungsmerkmal beibehalten. Es gibt keine weitere Brauerei auf der Welt, die ihre Biere ausnahmslos mit historischen Malzen braut. Schoppmeier und sein Geschäftspartner haben bislang noch keine eigene Produktionsanlage gebaut. Lieber mieten sie sich als Gypsy-Brauer in einer besonderen Stätte ein: In der 1686 gegründeten Gräflich von Mengersen'schen Dampfbrauerei im westfälischen Rheder steht Schoppmeier ein wahrer Oldtimer zur Verfügung, zeitlich passend zu den Rohstoffen, die er mitbringt. Überall glänzt Kupfer. Wie ein Alchimist überprüft der Braumeister die Prozesse mit Röhrchen und Pipetten. Wohl selten lässt sich der Modebegriff der Gegenwart wörtlicher anwenden als hier: Alles garantiert »Craft«.

In den vergangenen Jahren hat Schoppmeiers Getreideverein einen Fundus von rund 40 Sorten aufgebaut. Darunter Zwergweizen (auch Binkel genannt; nicht zu verwechseln mit Dinkel), Kurzkopfweizen und Champagner-Roggen. Nicht jede ist fürs Brauen geeignet. Bewährt haben sich neben der Pfauengerste die Sorten Chevallier von Neuhaus, Heine's Goldthorpe und Dr. Francks Grannenabwerfende Imperialgerste. Letztere liefert mittlerweile eine Jahresernte von immerhin knapp 20 Tonnen. Da Schoppmeier bereits einen Grannenkurs mit mir hinter sich hat, hoffe ich, von ihm auch noch zu erfahren, was es mit dem »Grannenabwerfen« auf sich hat. Der geduldige Braumeister liefert auch dazu Erklärungen.

Es handelt sich bei der pflanzlichen Technik des Grannenabwerfens, so erfahre ich, um einen besonderen Clou, der den Brauer erfreut und von dem die Vögel nicht profitieren – solange der Bauer sich beeilt. Sobald sie reif ist, tut Dr. Franck's grannenabwerfende Imperialgerste, was ihr Name ankündigt: Ihr fallen die Grannen aus. Das ist unter dem Aspekt der Nutzung erst einmal großartig, denn Grannen stören immer. Die Nervensägen verstopfen immerzu Geräte, bei der Ernte, beim Mälzen, beim Brauen. Daher haben Ähren, denen die Verteidigungsborsten ausgefallen sind, einen unschätzbaren Vorteil – über den sich auch die Vögel freuen. Aus diesem Grund wiederum muss der Brauer auf der Hut sein: Schnell ernten, bevor das gierige Gefieder bemerkt hat, dass die Körner wehrlos an ihren Ähren hängen.

Schoppmeiers Dunkles ist genauso gelungen wie das Helle. Seine Farbe ist weniger der Getreideart geschuldet, sondern der besonderen Malzmischung. Für die Bernsteinfarbe sorgen Röstmalze. Und Karamellmalze bringen kaffeeartige Aromen ins Bier. In der dritten Flasche, die Schoppmeier herbeiträgt, steckt ein Pale Ale. Hier ist es der Hopfen, der einen Großteil der Geschmacksregie übernommen hat: Das öbergärige Bier ist ordentlich mit Cascade und Hüll Melon gestopft, was ihm eine fruchtige Zitrusnote verpasst.

Wir prosten uns noch einmal kräftig zu. Der fleißige Sammler Wilhelm Schoppmeier schafft es als erfahrener Brauer, aus exotisch gewordenen Sorten herzhaften Trunk herzustellen. Allerdings ist er auf Produzenten angewiesen, die sich auf ihn einstellen. Erst einmal braucht er Landwirte, die ihm die ertragsarmen Sorten überhaupt anbauen. Während moderne Getreide sieben bis neun Tonnen pro Hektar bringen, sind es bei alten Sorten gerade mal drei bis vier Tonnen – weniger als die Hälfte.

Dann benötigt er eine Mälzerei, die flexibel auf seine Spezialwünsche reagieren kann. Rhön Malz heißt der Familienbetrieb im unterfränkischen Mellrichstadt, der sich historischen Getreidesorten verschrieben hat – sie heißen Mahndorfer Hanna, Kraffts Riedgerste oder Weihenstephaner schwarze Nackte. Die Firma ist klein genug, um auch einmal vom klassischen Wochenrhythmus, dem sich fast alle Mälzereien verschrieben haben, abzurücken. Denn die Oldtimersorten mit ihren oft kleinen Mehlkörpern sind langsamer in der Wasseraufnahme und brauchen daher mindestens einen Tag länger, bis sie endlich eingeweicht sind und schön gekeimt haben. Der daraus resultierende Acht- oder Neun-Tage-Rhythmus bringt die gewohnte Sieben-Tage-Taktung durcheinander – große Mälzereien können sich darauf nur schwer einstellen.

Wer alte Sorten reaktiviert, ist gezwungen, sich auf mehr als nur ein Geduldspiel einzustellen. »Ich muss intensiver maischen«, sagt Schoppmeier. Er brauche mehr von dem jeweiligen Malz, um die gleiche Menge Extrakt, sprich Stammwürze, wie mit den Hochleistungssorten zu erzielen. Was also mit dem doppelten Preis beim Bauern anfängt, zieht sich durch den ganzen Brauprozess – das macht Retrobiere am Ende teurer. Aber seit mit der Craftbier-Welle die Geiz-ist-geil-Mentalität vieler Biertrinker bröckelt, gibt es einen Markt für Leckerbissen, die nur dank Genbanken überdauert haben. Bestimmt werde ich mit Willi Schoppmeier noch einige Wiedergeburten feiern können.

Aber längst suchen auch andere Brauer in der Vergangenheit nach Inspiration. Sie führen nicht nur alte Malzarten, vergessene Hefen und verwilderte Hopfensorten in den Produktionsprozess zurück, sondern bergen auch historische Bierstile aus verstaubten Handbüchern. Die Geschichte ist voll von Vergessenen, die ihrem jeweiligen Zeitgeist zum Opfer fielen und von modernen Kreativbrauern reinkarniert werden. Die Gose, das Sauerbier mit Goslarer Wurzeln, kannte zwar vor einigen Jahren fast niemand mehr. Komplett verschwunden war sie allerdings nie. Immerhin in Leipzig wurde sie noch gebraut, bevor sie weltweit wiederentdeckt wurde. In die Gose kommen normalerweise Salz und Koriander, und nach der alkoholischen Gärung sorgen Lactobazillen in der Flasche zusätzlich für eine bakterielle Milchsäuregärung. Unpasteurisiert und ungefiltert kommt sie am Ende ins Glas. Heute gibt es neben den Leipziger Gosen verschiedenste Varianten, eine hamburgische Elbe Gose (von Kehrwieder), eine badische Gose (von Welde), ein Baltic Gose von der Insel Brauerei auf Rügen. Und natürlich hat der Craftpionier Sierra Nevada in Kalifornien längst eine eigene Version kreiert. Otra Vez ist mit Agaven und Limetten gebraut.

Das Steinbier wiederum verdankt seinen eigenen Stil einer speziellen Kochtechnik aus der Frühzeit. Als noch mit hölzernen Kesseln gearbeitet wurde, riskierten die Braumeister beim Erhitzen der Sude, dass das Feuer ihnen die ganze Produktionsstätte in Asche legte. Um diese Gefahr zu minimieren, legten sie einen altbewährten, auch aus der Frühkulinarik bekannten Zwischenschritt ein: Sie erhitzten erst Steine in der Glut und tunkten sie, zusammengehalten von einem Eisenkorb, als Heizkörper in den mit Maische gefüllten Kessel. Der Trick schlug sich deutlich im Resultat nieder, denn ein Teil des Malzzuckers blieb erst an den Steinen kleben, karamellisierte dort und löste sich beim Erkalten wieder ab. Nicht nur das Karamell, auch die Mineralien des Gesteins aromatisierten das Bier. Mitunter schmeckten die dabei entstandenen Biere daher auch dezent salzig. Der Ruß an den Steinen sorgte außerdem für einen Rauchbier-Touch. Vor allem in Kärnten und in Skandinavien war dieser Bierstil bis vor hundert Jahren en vogue. Vielleicht wird er es wieder: Die Brauerei Leikeim im oberfränkischen Altenkunstadt fing 2007 wieder damit an, Steinbier nach althergebrachter Methode zu fabrizieren.

Bis ins Mittelalter gehen dabei die Grutbier-Freaks zurück. Sie lassen sich also von jener Zeit inspirieren, in der man noch keinen Hopfen beimischte. Stattdessen kam eine Würzmischung namens »Grut« in den Sud. Bestandteile waren Gagelstrauch, Wacholder, Kümmel, Beifuß, Heidekraut, Myrte, Schafgarbe oder Waldmeister. Im Süden steckten die Grutbier-Brauer eher Lavendel, Majoran, Rosmarin oder Wermuth in einen Stoffbeutel und versenkten ihn nach dem Teebeutelprinzip an einer langen Schnur in der Würzepfanne. Oder sie aromatisierten nicht das kochende, sondern erst das abgekühlte, nun friedlich vor sich hin gärende Bier im Gärkeller mit ihren zum Teil abenteuerlichen Kräutermischungen.

Grut- oder Gruitbier ist der Sammelbegriff für all diese Kreationen, die getrunken wurden, bevor der Hopfen (spätestens mit der Einführung des Reinheitsgebots) zum nahezu exklusiven Supplement wurde. 2013 fingen Handwerksbetriebe in rund einem Dutzend Länder damit an, immer am 1. Februar den Internationalen Tag des Grutbiers zu zelebrieren. Ganz vorne mit dabei: Die Münsteraner Brauerei Gruthaus. Ihr Besitzer Philipp Overberg hat seine Leitlinie oben auf die eigene Webseite gepackt hat: »Nicht nach, sondern vor dem Reinheitsgebot.«

Overberg gehört zu den entschlossensten Akteuren der kreativen Brauszene. Er versucht, nicht nur authentisch zu brauen, sondern seinen Grutbieren auch einen möglichst regionalen Touch zu verpassen. Dazu musste er sogar ein behördliches Geheimnis lüften: Früher wurde die Grut im Gruthaus vom Grutherrn hergestellt und verkauft, dem höchsten Finanzbeamten der Stadt. Wer ein solches Bier brauen wollte, musste diese Ausgangsmischung verwenden, die er nirgendwo sonst kaufen konnte und durfte. Mit dem Monopol auf dem Kräutermix verschafften sich die Städte jahrhundertelang gute Steuereinnahmen.

Das Rezept der ominösen mittelalterlichen Mischung war unbekannt. Um ihm auf die Schliche zu kommen, durchstöberte Overberg die Rechnungsbücher aus dem ehemaligen Münsteraner Grutamt und baute sich so eine Liste der damals eingekauften Zutaten zusammen. Später analysierte er zusammen mit einer Archäobotanikerin Erdschichten unter einer innerstädtischen Latrine – dort waren offenbar die Abfälle einer Brauerei deponiert worden. In den Überresten fanden sich Hopfen, Kümmel, Wacholder und Gagel. Dank dieser Detektivarbeit entstanden die Rezepte für Overbergs »Myrica Gale 1480« und für »Dubbel Porse«, eine Koproduktion mit einer anderen Brauerei. Während er mit seinen Grutbieren den Originalen aus der Vergangenheit hinterherforscht, schafft er parallel dazu immer wieder Neues auf experimentellem Weg. Nichts aus der Kiste »Traditonelles« der Region Münster ist dabei vor ihm sicher. Für sein grandioses Pumpernickel-Porter bröselte er Schwarzbrot in die Maische. Und um den idealen Begleiter zu Münsterländer Wurstwaren zu schaffen, hängte er das Malz für sein Bockwurst-Bock dort hin, wo er sich maximale olfaktorische Authentizität versprach: in die Räucherkammer von Metzgermeister Bernd Holstiege in Münster-Roxel.

Beim schöpferischen Wiederbeleben von Bierahnen kann man fast beliebig weit zurückgehen. Sogar aus vertrockneten Rückständen in vorchristlicher Keramik lassen sich mitunter Rezepturen rekonstruieren. Am ambitioniertesten verfolgt der Molekulararchäologe Patrick McGovern diese Spuren. Moderne Zaubermethoden wie die Fourier-Transformations-Infrarot-Spektroskopie, Gas-Flüssigkeitschromatografen oder Massenspektrometer ermöglichen es ihm, in die Anfangszeiten des Bierbrauens zurückzukehren. Mit den Verfahren analysiert er chemische Rückstände auf alten Scherben, die ihm Archäologen von ihren Ausgrabungsstätten irgendwo auf der Welt in sein Institut schicken.

Mehr als sechzig Jahre ist es her, da legten in der Türkei Wissenschaftler die Grabstätte des phrygischen Königs Midas frei. Sie fanden nicht nur die sterblichen

Überreste des legendären Regenten, sondern auch 157 Bronzegefäße, deren Inhalt wohl im Rahmen ausufernder Bestattungsfeierlichkeiten im achten Jahrhundert vor Christus kredenzt worden war. Als McGovern mit seinem Hightechgerät die Rückstände in den Krügen untersuchte, stieß er auf die Spuren von fermentierter Gerste, Trauben, Honig und einem Bitterstoff, der wohl noch nicht aus Hopfen stammte, sondern vermutlich aus Safran.

Später erzählte er während einer Bierprobe an der Universität Fachleuten von den gefundenen Ingredienzien und schlug vor: Wer sich an einer Neuschöpfung von »König Midas' goldenem Elixir« versuchen wolle, der möge am kommenden Morgen um neun Uhr in sein Labor kommen. Zwei Dutzend Brauer folgten der Aufforderung. Da beschloss McGovern, die wissenschaftliche Suche als Wettbewerb zu gestalten.

Wochen später erreichten ihn Flaschen mit tollkühnen Proben. Der Forscher machte sich ans Verkosten: »Es war ein ziemlich harter Job, aber irgendjemand musste ihn machen«, erinnert er sich. Am Ende ermittelte er einen eindeutigen Sieger: die Dogfish Head Brewery aus Delaware. Die war selbst so angetan von ihrem Resultat, dass sie dem Gebräu einen eigenen Namen gab und es auf den Markt brachte. »Midas Touch«, ein Hybrid aus Wein und Bier, wurde in den USA ein Riesenerfolg – und ist es bis heute. Er bescherte der Brauerei zahlreiche Preise auf Craftbier-Festivals.

Der Erfolg mit dem Bier aus der Midas-Gruft war der Auftakt für eine langjährige Zusammenarbeit. Als der

Professor in einem zentralchinesischen Steinzeitdorf 9000 Jahre alte Keramik mit Bierresten entdeckte, war die Dogfish Head Brewery begeistert von der Idee, auch diesen Paläo-Trunk möglichst authentisch zu rekonstruieren – Chateau Jiahu enthält Muskattrauben, Reis, Orangenblütenhonig, wilde Weißdornfrucht und zehn Volumenprozent Alkohol.

Die Anleitung für das antike Obergärige namens »Ta Henket« entnahmen der Professor und die Brauer einem ägyptischen Hieroglyphentext. Man nehme: einen Brei aus Weizen und zerkrümeltem Brot, gebe viel Wasser hinzu und aromatisiere den durch Befeuerung entstandenen Sud mit Kamille, den Früchten der Doumpalme und der nordafrikanischen Gewürzmischung Zatar. Um auch in Sachen Gärung in die Nähe des Originals zu kommen, reiste Brauereichef Sam Calagione extra nach Kairo und stellte Petrischalen unter Dattelpalmen, um original ägyptische Saccharomyces-Hefen einzufangen.

Aus Kakao, Honig, Chilischoten und den Samen des Orleanstrauchs fabrizierten McGovern und die Dogfish-Head-Brauer das Aztekenbier Theobroma. Mithilfe von Haselnussmehl, Granatäpfeln, Enzianwurzeln, italienischem Kastanienhonig und äthiopischem Myrrhenharz brauten sie Birra Etrusca Bronze, dessen Spuren sich in einem 2800 Jahre alten etruskischem Grab fanden. Und im Trunk namens Kvasir, einem nordischen Grog, steckt, was anhand einzelner Moleküle noch in einem dänischen Birkenrindengefäß nachzuweisen war, nachdem dieses 3500 Jahre zuvor in das Grab einer im Ledergewand bestatteten Tänzerin oder Priesterin gelegt worden war: Birkensirup, Preiselbeeren, Schafgarbe, Gagelstrauch.

Einen Spezialpreis für Authentizität hätten der Wissenschaftler, seine Mitarbeiter und Angestellte der Brauerei verdient, als sie eine Chicha nach einem historischen peruanischen Rezept herstellten: Stundenlang kauten sie blauen Mais und spuckten ihn in einen Sammeleimer.

Zwei Österreicher aus Wien haben beim Stöbern in der Retroschatulle gar die ideale Braukunstvariante entdeckt, um im modernen Kampf gegen Lebensmittelverschwendung zuzuschlagen. Tobias Judmaier bezeichnet sich als »Zerowaste«-Unternehmer; als Bio-Caterer verkocht er jenes Gemüse, das zu krumm, zu groß, zu klein oder zu fleckig geraten ist, um in normalen Verkaufsregalen zu liegen. Sein Kumpel David Groß kocht in einer konsumkritischen Kochshow gegen Verschwendung an. Zusammen brauen sie »Wasted«, ein Biobier teils aus Gebäck, das sie vor der Abfalltonne gerettet haben. Abgeschaut haben die Wiener dies den Sumerern und alten Ägyptern. Bereits diese nutzten hart gewordene Vollkornschrippen als Ausgangsmaterial, um daraus Bier herzustellen. Das Ur-Verfahren taugt perfekt fürs Recycling im Braukessel. Bisher gibt es zwei Wasted-Biere, ein Lager namens »Semmel« und ein Cream Ale namens »Kornspitz«.

Meine Fahrt nach Münster hat mich an diesem Tag weit zurück in die Vergangenheit geführt. Als gegen Ende dieser langen Reise der Eurocity wieder in den Hamburger Hauptbahnhof einfährt, verspüre ich großen Durst.

Ich verkneife mir den Wunsch, schnell um die Ecke ein Münchner Helles in mich rein zu kippen. Stattdessen erinnere ich mich an Mathias Hutzlers Retrobiere, die am Morgen auf meinem Schreibtisch standen und seit Stunden im Kühlschrank auf mich warten. Ich beschließe, den Tag stilecht mit Hutzlers alten Hefen zu krönen – respektive mit den Resultaten, die bei den Versuchen mit den wiederbelebten Schlauchpilzen herumgekommen sind.

Ich setze mich zu Hause aufs Sofa, lasse mir von den Tagesthemen die Welt erklären und fange an. Mit Cella. Das lateinische Wort bedeutet »kleiner Raum« oder »Zelle« und erinnert an die englische Vokabel für »Keller« (Cellar). Seit Kurzem aber steht der Name auch für den untergärigen Hefestamm, den Hutzler aus einer Flasche extrahierte, die jemand vor fünfzig Jahren halbvoll im Untergrund hatte stehen lassen. Ich verdränge jeden Gedanken an den modrigen Keller, in dem Hutzler die Preziose fand. Ich stelle mir weder Schimmelpilz noch Verwesung vor, weder Schmutz noch faulige Gase. Ich konzentriere mich darauf, dass ich ganz bestimmt gleich ein absolut frisches Bier verkosten darf, das mit der Restsubstanz in der vergessen gegangenen Flasche nur etwas gemein hat: die Hefe, die den Zucker zu Alkohol vergoren hat.

Es handelt sich bei Cella um einen Hybrid aus der ursprünglichen Weinhefe S. uvarum und der bereits erwähnten »Urhefe« S. eubayanus. Dank Hefeexperte Hutzler durfte sich dieser Hybrid also nach seiner Wiedergeburt auf dem Campus von Weihenstephan wieder an die Arbeit machen.

Das entstandene Bier ist vollmundig, dennoch mild – und ausgesprochen fruchtig. Für meinen Geschmack: ein bisschen viel überreifer Apfel. Dennoch ein geglückter Versuch. Denn die Apfel-Komponente dürfte bloß der Alterung geschuldet sein. Selbstverständlich hat Hutzler seine Experimentalbiere nicht pasteurisiert – da kann der Geschmack während der vielen Monate nach dem Brauen schon mal von seinem Ursprung wegdriften.

Die zweite Probe entfacht Begeisterung in meinem Gemüt. Quercus ist der Name einer Hefe, die Hutzler von einer Eiche direkt vor seinem Forschungszentrum auf dem Campus Weihenstephan gepflückt hat. Das Bier, das damit reifen durfte, moussiert extrem fein. Außerdem haben die Hefen eine fruchtige Orangennote hinterlassen. Ich notiere auf meinem Zettel, dass ich Mathias Hutzler morgen unbedingt eine Mail schreiben muss, mit folgendem Inhalt: »Bestelle umgehend vier Kisten Quercus, wenn marktreif.«

Von der dritten Sorte dagegen, Ceret, erst einmal nur eine Kiste. Aber ich könnte mir vorstellen, dass diese schnell leer sein wird, wenn meine Arbeitskollegin Julia zu Besuch kommt. So wie ich Julia kenne, wird sie sich darauf stürzen. Die Hefe Ceret stammt aus einem alten Sherryfass. Der entstandene Trunk hat durchaus eine leichte Herbe, erinnert wegen seiner frischen Süße aber eindeutig an ein Biermischgetränk. Die Farbe scheint direkt aus dem Hochsommer geschnitten zu sein, ein sattes Honiggelb. Auch dieses Bier, so werde ich Mathias Hutzler morgen mitteilen, ist ein hervorragender Rückkehrer aus der Vergangenheit. Einzig an der Schaumstabilität muss er noch arbeiten.

Schließlich Franconia. Auch sie hat eine besondere Geschichte. Als der Mikrobiologe Hutzler einst in den Kellergewölben unter seinem Institut die liegengebliebenen Bestände seiner Vorgänger durchstöberte, machte er einen besonderen Fund. In einem Pappkarton lag die gefriergetrocknete Probe einer untergärigen Hefe mit der Bezeichnung TUM 35. Jahrzehnte lang hatte sie dort gelegen. Längst galt die Sorte als verloren, verdrängt von einer Konkurrentin names TUM 34/70.

Noch in der Nachkriegszeit war TUM 35 eine der wichtigsten Hefen, »geschätzt wegen ihres ausgewogenen Aromaprofils«, wie Hutzler in Erfahrung bringen konnte. Die Künstlerin hatte nur einen einzigen Fehler, sie war anfällig für Qualitätsschwankungen der Rohstoffe. Die Gärung, so erfuhr Hutzler, sei machmal einfach »hängen geblieben«.

Es gelang, sie wiederzubeleben – und Hutzler gab der einstigen fränkischen Diva mit der Bezeichnung TUM 35 einen etwas passenderen Namen: Franconia. Ich öffne die Flasche, schenke mir das helle Bier in eine Tulpe ein, sauge den frischen Geruch in meine Nase und nehme einen kräftigen Schluck. Umgehend stelle ich fest: Die Gärung ist nicht hängen geblieben. Die Nachkriegsdiva scheint mit den Stoffen der ausgesuchten Malzmischung zurechtgekommen zu sein. Der Geschmack ist weich und ein bisschen fruchtig. Der Hopfen kommt zur Geltung. Und auch die Hefe hat sich nicht versteckt.

Mit der Auferstehung von Franconia mache ich Feierabend. Ich beschließe die Reise in die Vergangenheit, den langen Trip zu Gagelstrauch und Myrte, zu vögelabwehrenden Grannen, zu den Rückständen in phrygischen Königsgräbern und zum Spuckebier der Andenvölker, indem ich die altfränkische Delikatesse andächtig bis auf den letzten Tropfen aus meinem Glas heraussauge. Denn noch weniger als die Variante Cella hat es das Bier der Prachtshefe Franconia verdient, halbvoll stehen gelassen zu werden.

Requiem auf den Wein

Erstaunlich, wie die Freunde des Weins es schaffen konnten, ihr Getränk zum Inbegriff der Noblesse zu machen. Das hat dazu geführt, dass es Menschen gibt, die 6743,90 Euro für eine Flasche Pomerol 1982 von Château Pétrus ausgeben.

Der Preis für den teuersten Wein der Welt ändert allerdings nichts daran, dass es sich im Vergleich zum Bier bei vergorenem Rebensaft um ein erschreckend unterkomplexes Getränk handelt – mal mit etwas mehr mineralischem Geschmack, mal mit weniger; mal viele Tannine, mal kaum; hier Reifung im Barrique-Holzfass, dort Stahltank. Wein ist rot, weiß oder etwas dazwischen. Es gibt ein paar unterscheidbare Traubensorten, und mit der Alterung lässt sich noch ein wenig an der Qualität schrauben. Ist das Resultat ungenießbar, kann man sich ans griechische Patentrezept halten: mit Harz nachhelfen und als Retsina verkaufen.

Trotz dieser Anwendungen bleiben die Einsatzmöglichkeiten beschränkt. Wein taugt manchmal als Essensbegleiter, als Essenz für die Zubereitung eines Coq au Riesling, oder er ist – von Gährungskohlensäure unter Druck gesetzt – als Schampus bei Siegerehrungen von Autorennen beliebt, weil er schäumt und spritzt.

Warum das Vorurteil, verglichen mit Wein sei das Bier

simpel, prollig und anspruchslos, noch immer existiert, ist mir ein Rätsel. Abgesehen vom Käsefondue (Moitié-Moitié, angerührt mit Walliser Fendant) gibt es kein Gericht, zu dem Bier nicht mindestens so gut passen würde. Alt-, Bock- und Schwarzbiere sind nicht nur perfekt zu würzigem Alp- oder Blauschimmelkäse, sondern auch zu Hirschkeule und Sonntagsbraten. Helles trinkt sich hervorragend zu Sauerkrautgerichten. Zum Nachtisch lassen sich frische Früchte mit Starkbier-Mousse kombinieren.

Man kann noch weitergehen: Gibt es einen Anlass, der zwingend Wein erfordert? Ein runder Geburtstag deprimiert weniger, wenn er mit einem Extra Brut IPA, einer Art fruchtig-trockenem Hopfen-Champagner, fröhlich erstbegossen, mit Grünhopfen Pils, Pale und Red Ale weitergepflegt und ab Mitternacht mit Baltic Stout konsequent zu Ende gefeiert wird. Genauso gibt es Idealabfolgen für Taufe, Osterbrunch und Silvester. Sogar das Abendmahl kann erfrischender sein als ein weiteres Mal abgehalten nach alter Pfarrer Sitte – warum nicht mal Barley Wine als Blut Christi? Oder alternativ eine große Flasche Sang Rouge von Cascade Brewing aus Oregon? Der Sauerbierpionier lässt seine Cuvée aus neun verschiedenen Red Ales 30 Monate in Eichenfässern reifen – für Bier doch schon ansatzweise ein biblisches Alter.

Und Bier geht immer. Umgekehrt versagt der fermentierte Traubensaft in der Praxis bei vielen Gelegenheiten, sodass wiederum das Bier ständig mit seinen vielfältigen Eigenschaften in die Bresche springen muss. Wer zum Beispiel spült dem körperlich Arbeitenden effizient den

Staub von der Zunge? Ein Helles. Was regnet als Dusche vom Himmel, wenn im Fußballstadion die glückselige Stimmung über die Ufer tritt? Pils. Mit welchem isotonischen Getränk löscht der dehydrierte Ausdauersportler nach dem Zieleinlauf seinen Durst? Mit einem Weizen. Was passt perfekt, wenn abends das Kaminfeuer knistert? Imperial Stout, fassgereift!

Wer jeden Tag Wein trinkt, ist mit dem überschaubaren Sorten- und Aromenspektrum nach einer Woche durch. Dem Biertrinker dagegen reicht dafür ein Jahr nicht. Denn allein die Liste der möglichen Zutaten ist so lang wie die Chinesische Mauer und beschert ihm eine Farben- und Aromenvielfalt, wie es kein anderes Getränk im Universum ansatzweise hinbekommt.

Zahlreiche Malzarten sind in diesem Buch ja bereits als Ingredienzien aufgetaucht. Aber was ist mit dem Getränk, das hierzulande meistens Reiswein heißt, aber kein Wein ist? Für dessen Zubereitung werden Reis und Wasser in eine Tonne geschüttet und vergoren. Gemäß Definition handelt es sich sowohl bei chinesischem Reiswein als auch japanischem Sake um astreine Biere: alkoholische Getränke auf Getreidebasis. Was mit Gerste möglich ist, gelingt mit Reis genauso: Enzyme wandeln die Stärke im Korn in Zucker um. Allerdings verfahren die Asiaten mit ihrem bevorzugten Biergetreide anders als die europäischen Mälzereien, wenn diese ihre Gerste keimen lassen. Früher half wie in Lateinamerika Spucke, heute nutzen sie Schimmelpilze, deren Enzyme die Verzuckerung der Stärke übernehmen. Danach kümmern sich Hefepilze um die

Vergärung, Milchsäurebakterien verleihen dem Getränk zusätzliche Aromen.

Nur ein Bruchteil der Getreidesorten, aus denen sich Malz produzieren und Bier brauen lässt, ist hierzulande ein Begriff in der Braukunst geworden. Allein bei den Hirsen ist die Auswahl immens. In Malawi bildet die Rohfrucht der Perlhirse die Grundlage lokalen Biers. Mit Kolbenhirse wird in China seit 8 000 Jahren gebraut. Aus Fingerhirse (und Mais) entsteht in Kenia Opaque Beer. In Eritrea und Äthiopien kommt Zwerghirse in den Sud. Und dass mit Rispenhirse problemlos eine ganze Palette von Biersorten gefertigt werden kann, hat der Lehrstuhl für Brau- und Getränketechnologie in Weihenstephan in erfrischenden, vergnüglichen, manchmal in den Abend hineinreichenden Studien durchgetestet.

Triticale – eine Kreuzung aus Weizen und Roggen, aber so anspruchslos und krankheitsresistent wie letzterer – kommt in Polen, Australien, Brasilien und bei deutschen Hobbybrauern in Fass und Flasche. Es gibt noch Sorghum, aus dem in Westafrika Dolo gebraut wird. Und wem die Getreideauswahl nicht reicht, kann mit Pseudogetreide weitermachen: Quinoa, das Trendgewächs der Inka, hierzulande längst als Superfood geadelt, produziert eine auffallend rote Maische – Martin Zarnkow, Chefprüfer in Weihenstephan, attestiert der frostresistenten Andenpflanze eine »günstige Extraktausbeute« und den »höchsten Endvergärungsgrad« unter den Pseudogetreiden.

Nein, für uns Biertrinker ist noch lange kein Ende in Sicht. Die unendlich vielen Möglichkeiten verhindern, dass die Kreativität der Braumeister jemals einer schöpferischen Dämmerung anheimfallen könnte. Mehr als 250 Hopfensorten. Hunderte alte, neue und wiederentdeckte Bierhefen – oder Milchsäurebakterien als Fermentationsalternative. Malze leicht geröstet, heftig geröstet, schwarz geröstet. Kräuter, Früchte, Gemüse, Kaffee und Rauch: Die Möglichkeiten, mit virtuoser Dosierung abwechslungsreich Bier zu brauen, sind unerschöpflich – und das in einer Zeit, in der uns noch nicht einmal die Klassiker Helles, Pils, Stout und Bock verleidet sind.

Um trotzdem ihr simples Gesöff in der Hierarchie über das Bier zu stellen, machen Lobbyisten den Wein gar zur geheimnisvollen Arznei. Regelmäßig macht er Schlagzeilen, weil er angeblich ewige Jugend verleiht, sofern man täglich am Weinbecher nuckelt. So soll der Inhaltsstoff Resveratrol eine Rolle in der Krebs- und Herzinfarktprophylaxe spielen – Schluck für Schluck zur Langlebigkeit.

Womöglich. Vermutet wird auch, dass Weinkonsum das Risiko reduziere, an Schlaganfall, Diabetes oder Demenz zu erkranken. Besagtes Resveratrol soll, laut einer Studie der Washington State University, sogar beim Abnehmen helfen, weil es Fettgewebe im Körper umbaue und dieses danach leichter abgebaut werden könne. Außerdem verhindere Wein abendliche Heißhungerattacken. »So gesund wie eine Stunde Fitnessstudio«, frohlockte das Magazin *Focus*, soll ein Glas Rotwein angeblich sein.

Insbesondere mit dem angeblichen Herzschutz durch

Weingenuss hat sich der Epidemiologe Ulrich Keil von der Universität Münster intensiv auseinandergesetzt. Er glaubt, dass der Vorteil für die Gesundheit tatsächlich existiert. Allerdings nicht in der Version, den die Weinproduzenten hören möchten: Der Effekt sei nicht spezifisch auf Wein zurückzuführen, sondern allgemein auf Alkohol. Dieser erhöht den Anteil des guten HDL-Cholesterins (das als gefäßschützend gilt) und verdünnt das Blut – Gerinnsel entstehen weniger leicht. Menschen mit moderatem regelmäßigem Alkoholkonsum, ist Keil überzeugt, leben gesünder als Abstinenzler. Tatsächlich wegen des Alkohols. Unabhängig davon, ob jemand zum Aufbau seiner Vitalität nun Wein, Schnaps oder Bier trinkt.

Warum ist dennoch fast immer vom Wein die Rede, wenn es um das Gesundtrinken des Körpers mit Alkoholika geht – während Bier und Schnaps geächtet sind? Die *Süddeutsche Zeitung* stellte dazu 2018 fest, dass »der Mythos vom Rotwein als gesündestem alkoholischen Getränk« auf Bemühungen der Weinindustrie zurückgehe. Sie finanziere einen Großteil jener Studien, die zum Schluss kommen: Wer Wein trinkt, lebt länger. Noch heute entstünden »auffällig viele Forschungsarbeiten in Kalifornien, Südafrika, Italien oder Frankreich« – also in den traditionellen Weinanbaugebieten.

Doch die forschende Bierfraktion gibt sich nicht geschlagen. Man muss nur ein bisschen die aktuelle und die historische medizinische Literatur durchwühlen, schon finden sich wundersame Wirkungen auf die Gesundheit, hervorgerufen durch Hopfen, Malz und Hefe. Hildegard von Bingen stellte im 12. Jahrhundert fest: »Das Bier aber macht das Fleisch des Menschen fett und gibt seinem Antlitz eine schöne Farbe durch die Kraft und den guten Saft des Getreides.«

Die heilenden und beruhigenden Eigenschaften des Hopfens wurden schon erwähnt. Die Urvölker Amerikas nutzen ihn wegen seiner entzündungshemmenden und antibakteriellen Wirkung sogar gegen Zahn- und Halsschmerzen.

Hierzulande hat sich als bewährtes Hausmittel warmes Bockbier etabliert: Es hilft gegen Erkältung und Blasenentzündung. Wer ungefiltertes Bier trinkt, kann sich eines Maximums an positiven Wirkungen der Hefe erfreuen: Zwickelbiere und trübe Weizenbiere stecken voller Vitamine. Und ihr Calcium hält die Knochen stabil. Hordenin wiederum steckt im Gerstenmalz und verursacht nach dem Trinken dasselbe wie Dopamin: Es macht happy!

Bier soll positive Auswirkungen auf den Fett- und Zuckerstoffwechsel haben. Bier enthält Antioxidantien. Bier hilft, den Blutdruck zu regeln – dank seines geringen Natriumgehalts. Das Malz im Bier liefert viele B-Vitamine – insbesondere die für den Stoffwechsel wichtigen Riboflavin, Pyridoxin, Panthenolsäure und Niacin. Als Mineralstoff kommen Phosphorsäure (wichtig für die Zellen), Kalium und Magnesium im Bier vor. Und dass Bier harntreibend wirkt (wofür der Tee in höchsten Tönen gelobt wird), hat jeder feststellen können, der schon mal nach vier Halben dem Kellner weitere Order gegeben hat.

Redet man nun vertraulich mit Medizinern darüber, trinken die zwar gerne ein Gläschen mit, aber leider können sie einem nicht garantieren, dass die Konzentration dieser so gesunden Stoffe im Bier hoch genug ist, um tatsächlich Wunder zu vollbringen. Die logische Schlussfolgerung daraus könnte lauten: man erhöht die Menge der exzellenten Substanzen im Körper, indem man einfach weitertrinkt. Bevor jedoch Kalium, Pyridoxin oder die Antioyidantien auch nur den geringsten Effekt zeigen, hat die wirkungsvollste Ingredienz im Gesundmacher Bier längst mit voller Wucht zugeschlagen. Es handelt sich um das Zell- und Nervengift Alkohol. Das macht zwar dank seiner Toxik unter anderem auch noch fröhlich und senkt in geringer Menge den Blutdruck – es ist trotzdem nicht ratsam, seine Gesundheitsvorsorge komplett auf (alkoholisches) Bier abzustellen.

Der frühere Brauwissenschaftler Ludwig Narziss, Verfasser mehrerer Standardwerke, brachte einst die adäquate Nutzung des Lebenselixiers Bier auf eine bemerkenswerte Formel: Ein Bier sei besser als kein Bier, zwei Biere besser als ein Bier. Deswegen seien aber zehn Biere noch lange nicht besser als zwei Biere.

Dennoch lässt sich nicht ausschließen, dass einen auch mal 15 Biere gesunden lassen – weil sie Alkohol enthalten. Diese erstaunliche Erkenntnis lieferten Anfang 2019 vietnamesische Ärzte. Sie kümmerten sich um einen Patienten, der bewusstlos mit schwerer Alkoholvergiftung ins Krankenhaus eingeliefert worden war. Er hatte riesige Mengen gepanschten Schnaps getrunken.

Die Ärzte griffen zu einer ungewöhnlichen Therapiemethode. Um den Mann von seiner Alkoholvergiftung zu kurieren, verabreichten sie ihm Alkohol: eine Dose Bier pro Stunde. Die Behandlung dauerte 15 Stunden, danach war der Patient zwar nicht nüchtern, aber geheilt – und die Ärzte konnten ihn nach Hause schicken.

Warum wirkte die ungewöhnliche Behandlung? Der Mann hatte mit dem gepanschten Fusel eine große Menge Methanol abbekommen. Der giftige Alkohol entsteht bei unsorgfältigem Destillieren. Versucht nun die Leber, das Gift wieder loszuwerden, wandelt sie Methanol in Formaldehyd und Ameisensäure um. Diese Stoffe wiederum schädigen massiv die Nervenzellen. Es droht der Verlust des Augenlichts oder gar der Tod.

Doch indem die Ärzte dem Patienten in regelmäßigen Rationen Bier zu trinken gaben, wandten sie einen originellen Kniff an: Sie beschäftigten die Leber permanent mit dem »gesunden« Alkohol (Ethanol) des Biers, sodass das Organ nicht dazu kam, das gefährliche Methanol zu verarbeiten – stattdessen wurde es über Lungen und Blase ausgeschieden.

Bier taugt somit erwiesenermaßen als Lebensretter. Wer dies garantiert versteht, sind die trinkfreudigen Finnen. Sie erkannten offenbar schon in frühen Zeiten den Wert dieses Kulturgetränk. Im finnischen Nationalepos *Kalewala* findet sich eine Passage, die als Einführung in die Braukunst gelten kann. Die Göttin des Biers höchstpersönlich gibt Einblick in ihr Schaffen:

Osmotar, die Bier bereitet,
Die das schöne Dünnbier brauet,

Nimmt nun Körner von der Gerste,
Fasset sechs der Gerstenkörner,
Greifet sieben Hopfenspitzen,
Schöpfet Wasser acht der Löffel,
Setzt den Grapen auf das Feuer,
Läßt die Masse dorten sieden,
Braute Bier so aus der Gerste
In des Sommers heißen Tagen
An der nebelreichen Landzung …

Wer beim Lesen des gesamten Epos nicht nur auf den Inhalt achtet, sondern auch die Zeilen zählt, erkennt, was den Finnen Elias Lönnrot beim Zusammenstellen und Dichten seines Nationalepos offenbar besonders wichtig war: Rund 200 Verse sind der Erschaffung der Welt gewidmet. Und doppelt so viele dem Bier.

Das Wikibier

A

wie alkoholfrei:

Was weniger als 0,5 Volumenprozent Alkohol in sich trägt, darf so heißen. Entweder wird der Alkohol entzogen, oder es kommen Hefen zum Zug, die den Malzzucker nicht in Alkohol verwandeln. Legendär ist AUBI – Abkürzung für Autofahrerbier. Das AUBI wurde ab 1972 von der VEB Engelhardt-Brauerei in Berlin-Stralau gebraut. Mit dem Ende der DDR verschwand es. 1998 erlebte das Pils seine Wiedergeburt in Thüringen: Die Dingslebener Privatbrauerei Metzler brachte AUBI zurück auf den Markt.

wie Alt:

Diese Bezeichnung hat nichts mit abgestanden oder alt geworden zu tun. Altbiere sind nach »alter« Brautradition hergestellt – und da früher fast immer mit obergärigen Hefen vergoren wurde, ist das Alt ein obergäriges Bier. Und meistens dunkel. So wie das Uerige aus Düsseldorf.

wie Anstoßen:

Nichts macht der Schweizer Biertrinker lieber, als vor jedem Schluck erneut anzustoßen. Anders der Ungar.

In seinem Land ist dieser Akt nicht nur verpönt, er war sogar 150 Jahre lang per Gesetz verboten. Der Grund: Nachdem die ungarische Revolution 1848 niedergeschlagen worden war, feierten dies die Österreicher, indem sie darauf demonstrativ mit Bier anstießen.

wie Aromahopfen:

Blumig und würzig, mit einem Hauch von Schwarztee, dazu die Aromen und Düfte von Zitrone, Pfirsich, Melone, Aprikose, Grapefruit, Orange: Einen solch exotischen Cocktail vermag das Gehirn eines sensiblen, womöglich geschulten Biertrinkers mithilfe von Mund und Nase zu identifizieren, wenn in seinem Kaltgetränk zum Beispiel der Aromahopfen Amarillo mit seinen vielen Aromaölen (und wenig Alphasäuren) steckt. Die Sorte ist eine der neueren US-amerikanischen Züchtungen, die zusammen mit der Sorte Cascade typisch sind für die IPAS, die seit zehn Jahren hierzulande als Botschafter der Craftbier-Bewegung wahrgenommen werden. Der Trend allerdings bewegt sich längst wieder weg von den oft auffällig parfümierten Bieren.

B

wie Berliner Weiße:

Milchsäure-Bakterien verpassen diesem Bier eine säuerliche Note. Wem das zu viel ist, der lädt seine Weiße mit einem »Schuss« nach – Himbeer- oder Waldmeistersirup versüßen diese traditionelle Spezialität, die in den letzten Jahren ein grandioses Comeback feiert.

wie Bitterhopfen:

Die hohen Anteile an Alphasäuren, die beim Kochen gelöst werden, machen eine solche Sorte aus (zum Beispiel Hallertauer Magnum, Northern Brewer oder Herkules). Bitterhopfen enthält meist nur geringe Anteile an fruchtigen oder kräuterigen Aromaölen.

wie Bock:

Der Name hat nichts mit tierischen oder sturen Böcken oder der Tatsache zu tun, dass viele Bock auf dieses Starkbier haben, sondern mit Einbeck in Niedersachsen. Das im Mittelalter gebraute obergärige Einbecker war ein Exportschlager. 700 Braustätten gab es in dem Städtchen. Um für die lange Reise gerüstet zu sein, wurde das Bier mit ordentlich Stammwürze versehen. Nachdem sich die Münchner das deftige Bier jahrzehntelang hatten liefern lassen, kamen sie 1614 auf eine noch bessere Idee. Sie warben den Einbecker Braumeister Elias Pichler ab, der fortan im Münchner Hofbräuhaus »Ainpöckisch Bier« braute. Man bestellte »Oan Pockisch«, später »Oan Pock«, schließlich »Bock«. Bockbier hat mindestens 16 Prozent Stammwürze und dementsprechend einen erhöhten Alkoholgehalt von sechseinhalb Volumenprozent und mehr. Bockbiere werden mit allen möglichen Malzarten gebraut, es gibt sie ober- und untergärig, hell und dunkel. Die saisonale Variante heißt Maibock, die alkoholische Steigerung Doppelbock oder Eisbock.

wie Brettanomyces:

Diese Hefeart ist gefürchtet – und manche lieben sie heiß. Schmeckt ein Bier nach Pferdedecke oder Ziegenbock, hat Brettanomyces, Kurzform »Brett«, für die Gärung gesorgt. Wenn sich die Hefe in einem Betrieb eingenistet hatte, gilt dieser meist als verloren. Man wird den Stinker kaum mehr los. Aber vielleicht schafft man es, mit dem Stamm und seinem ungewöhnlichen Aromaprofil gezielt umzugehen. Mögliche Resultate: eine Berliner Weiße, eine säuerliche Geuze oder ein würziges Lambicbier.

wie Brown Ale:

Obergäriges, bräunliches Bier – im Prinzip die englische Version des deutschen Altbiers. Ab 1927 schaffte es das Newcastle Brown Ale binnen kurzer Zeit, zu einem englischen Nationalgetränk zu werden. Außerdem kam das »Newkie Broon« zum Spitznamen »The Dog«: Er gehe »nur noch mal mit dem Hund raus«, pflegte der englische Ehemann zu seiner Frau zu sagen, wenn er sich abends anschickte, durstig um die Ecke zu verschwinden …

C

wie Craftbier:

Sinngemäß handelt es sich um handwerklich gebrautes Bier. In unseren Augen erstaunlich ist, was der Amerikanische Brauerbund darunter versteht. Eine Craft Brewery hat einen maximalen Bierausstoß von sechs Millionen Barrel. Das sind zehn Millionen Hektoliter.

Nach dieser Definition gäbe es in Deutschland gerade mal eine einzige Brauerei, die *nicht* Handwerksbrauerei wäre: Branchenführer Radeberger. Beck's, Bitburger, Oettinger und Co dagegen: alle voll Craft. Hierzulande wird der Begriff daher anders verstanden. Er steht für Vielfalt, Kreativität und qualitativ hochwertige Rohstoffe.

D

wie Darren:

Beim Trocknen (oder Darren) des Malzes wird das Wachstum des keimenden Korns gestoppt, damit der Zucker erhalten bleibt und vergären kann. Je höher die Temperatur beim Darren, desto mehr Röstaromen gelangen am Ende ins Bier – oder mehr vom Geschmack karamellisierten Zuckers.

wie Dünnbier:

Nachdem das würzige Bier gebraut war, ließen mittelalterliche Brauer einen zusätzlichen Nachguss durch die Maische fließen. Das Resultat war ein kaum alkoholischer Trunk, den auch Kinder (sauberes Wasser war Mangelware) konsumierten. Dünnbier galt als »Arme-Leute-Bier«, war aber auch ein ideales »Erntebier« für Feldarbeiter. Im 20. Jahrhundert mutierte der Begriff zum Schimpfwort – etwa für die typischen US-amerikanischen Pilsplörren mit nahezu homöopathischen Malzanteilen oder das Modebier Corona.

E
wie Eisbock:

Der Legende nach soll ein fauler Geselle in Kulmbach das Verfahren erfunden haben, mit dem Bockbier durch Gefrieren Wasser entzogen wird – und es so noch hochtouriger wird. Der Bursche war nämlich müde und ließ abends einige Fässer im Hof stehen. Nachts lag die Temperatur tief unter dem Gefrierpunkt. Am Morgen war das Wasser im Bier zu Eis erstarrt und hatte die Fässer gesprengt. Nur braune Pfützen waren im Innern flüssig geblieben. Der erzürnte Braumeister befahl dem Gesellen zur Strafe, diesen Rest des angeblich verdorbenen Biers auszutrinken. Schon mit dem ersten Schluck des hochprozentigen Konzentrats stieg die Laune des Brauknechts.

F
wie Frauen:

Dass es sich beim Bier um ein Männergetränk handle, ist ein Trugschluss aus den Zeiten, als es vielerorts fast nur noch Pils zu kaufen gab. Seit wieder kreativ gebraut und getrunken wird, sind Frauen wieder voll dabei – was man auch an den vielen Biersommelières erkennt. Im Übrigen waren die Frauen, bevor ihnen die Klöster die Hauptrolle streitig machten, die Protagonistinnen der Braukunst: im Mittelalter genauso wie zur Zeit der Germanen. In der Mythologie der Sumerer war die Göttin Ninkasi die Bierverantwortliche, bei den Ägyptern hieß die Biergöttin Tjenenet. Auch im finnischen Nationalepos Kalevala leistet eine Frau die Pionierarbeit – Göttin Osmotar.

G

wie Gose:

Gose ist ein obergäriges, helles Weißbier. Das Traditionsbier aus Sachsen und Thüringen wird heute wieder in Leipzig gebraut. Man trinkt es ähnlich wie die Berliner Weiße mit Kümmel oder Johannisbeersaft. Pur schmeckt es säuerlich und erfrischend. Die Gose ist verwandt mit der belgischen Geuze (oder Gueuze).

H

wie Hosen:

Nachdem bereits AC/DC, Iron Maiden oder die britische Postpunkband New Order eigene Biere auf den Markt gebracht hatten und es auch längst ein Queen Bohemian Lager gab, zogen im Jahr 2018 die Toten Hosen nach. Sie brachten Hosen Hell auf den Markt: Gebraut wird es natürlich von einer Düsseldorfer Brauerei, Uerige. Warum die Hosen als ausgewiesene Lokalpatrioten kein Düsseldorfer Altbier kreieren ließen, bleibt ihr Geheimnis. Weil »Alt« nicht zu Berufsjugendlichkeit passt?

wie Heidrun:

Das Wesen dieses Namens war mit ein Grund dafür, dass es für einen Wikinger nicht das schlechteste Schicksal war, tot zu sein. Denn durch den Tod gelangte man endlich nach Walhalla, wo eine ewige Party im Gang war. Und mitten im Geschehen: die heilige und großzügige Ziege Heidrun. Aus ihrem Euter floss unentwegt köstliches, kräftiges Bier.

I

wie International Bitterness Unit (IBU):

Diese Maßeinheit gibt den Gehalt an Alphasäuren im Bier an. Ein IBU entspricht einem Milligramm isomerisierter Alphasäure je Liter Bier. Je höher der Wert, desto bitterer normalerweise das Bier. Ein Pils hat 25 bis 45 IBU, die hopfenlastigen IPAs kommen auf höhere Werte, im Extremfall liegen sie bei mehr als 100 IBU. Weizenbiere schwächeln in dieser Kategorie, manche kommen kaum über zehn IBU hinaus.

wie IPA:

Das obergärige Bier aus der Kolonialzeit gibt es heute in zahlreichen Varianten. Die wichtigsten: English IPA (traditionell, höchstens dezent fruchtig), American IPA (fruchtige Hopfennoten), West Coast IPA (extrem hopfenbetont), East Coast IPA (malziger), Imperial IPA oder Double IPA (noch mehr Hopfen, noch mehr Alkohol), Triple IPA (dreifacher Wumms), Brown IPA (nicht so »pale«, sondern mit dunklen Malzen gebraut), Dark IPA (dito), Black IPA (noch dunkler), White IPA (mit Weizen), Red IPA (eine Art Hybrid aus American IPA und Amberbier), Rye IPA (mit Roggen), New England IPA oder NEIPA (sehr fruchtig, wenig Bittere), Belgian IPA (mit belgischer Hefe vergoren, variantenreich), Brut IPA (champagnerartig, knochentrocken), Session IPA (wenig Alkohol).

J
wie Jodprobe:

Indem der Brauer Jod auf eine Probe der Bierwürze träufelt, findet er heraus, ob sich genügend Zucker (für die Gärung) gebildet hat. Denn falls noch immer viel von der ursprünglichen Stärke in der Würze ist, verfärbt sich die Probe rot oder blau bis violett. Es gilt, weiter abzuwarten. Verfärbt das Jod die Probe dagegen gelb, ist die Stärke mehr oder weniger komplett in Zucker umgewandelt – das Brauen kann mit dem nächsten Akt weitergehen, dem Läutern.

K
wie Kalthopfung:

Dieser Prozess heißt auch Hopfenstopfen. Erst ganz am Ende wird das kalte Bier mit Hopfen gewürzt. Dieser entlässt bei tiefen Temperaturen fast ausschließlich Aromen (Öle) ins Bier, jedoch kaum Bitterstoffe (Alphasäuren). Mit der sogenannten Hopfenkanone kann dieser Prozess optimiert werden: Stundenlang zirkuliert das Bier durch Röhren, die der Brauer mit Aromahopfen befüllt hat.

L
wie Läutern:

Hat sich zu Beginn des Brauens die Stärke in dem (mit Wasser vermischten) Malz weitgehend in Zucker verwandelt, wird das Flüssige vom Festen getrennt: Nach dem Läutern fließt die geklärte Flüssigkeit in die Würzepfanne.

wie Licht:

So schön die Sonne durch ein Glas hindurchscheinen mag – Licht ist der Feind des Biers. Es spaltet Alphasäuren auf und kann so Fehlaromen im Bier verursachen, den sogenannten Lichtgeschmack oder Lichtschaden. Aus diesem Grund sollte Bier nicht nur kühl, sondern unbedingt auch dunkel gelagert werden. Braune Flaschen bieten mehr Schutz als grüne, weiße taugen nichts. Im Sommer in der Sonne zu stehen, ist keinem Bier zuzumuten, das gut bleiben soll. Nach einem Tag kann seine Frische zerstört sein.

M

wie Maische:

Im Maischbottich werden geschrotetes Malz und Brauwasser vermischt. Dezente, stufenweise erhöhte Wärme aktiviert die Enzyme, sodass in der Maische noch mehr Getreidestärke zu Zucker wird – der später zu Alkohol vergären kann.

wie Märzen:

Als Kühlung noch schwieriger zu bewerkstelligen war, wurden im März noch einmal kräftige untergärige Biere gebraut – bevor die Temperaturen für die untergärigen Hefen zu sommerlich wurden. Danach lagerten die Brauer diese Märzenbiere in kühlen Höhlen und Kellern.

wie Mayflower:

Im Hafen von Plymouth, Massachusetts, liegt einer der offiziellen Gedenkorte der USA: Plymouth Rock.

Ein Monument erinnert daran, dass im Jahr 1620 die berühmte Mayflower nach der Überquerung des Atlantiks hier anlandete – bevor sie südwärts nach Cape Cod weiterschipperte und die Pilgerväter dort siedelten. Warum der Zwischenstopp am heute so legendären Ort? Ganz einfach: Das Bier wurde knapp an Bord. Da ließ der Kapitän anlegen. Die 102 Passagiere sollten an Land Wasser trinken – damit wenigstens ein Rest Bier für die Besatzung übrigblieb.

O
wie obergärig:

Obergäriges Bier wird mit obergärigen Hefen vergoren: jenen Sorten, die bei hohen Temperaturen (15 bis 20 Grad Celsius) arbeiten und nach der Fermentation an der Oberfläche schwimmen.

P
wie Pipeline:

Was wie ein Aprilscherz klingt, gibt es wirklich. Weil sie ihr Bier täglich durch die verwinkelten Gassen der touristisch überfüllten Stadt Brügge karren musste, ließ die belgische Brauerei De Halve Maan eine Pipeline hinaus zu ihrer drei Kilometer entfernten Flaschenabfüllung bauen. Auf eine temporäre, einen Kilometer lange Bierpipeline schwört auch das Heavy-Metal-Festival in Wacken, das (trotz meistens Regen) jedes Jahr immerhin 75 000 durstige Kehlen zu bespülen hat.

R

wie Radler:

An einem Samstag im Juni 1922 erfand Franz Xaver Kugler das Radler, das in Hamburg Alsterwasser und in der Schweiz Panaché heißt. Der Wirt der Kugleralm bei Deisenhofen unweit von München sah sich dem Ansturm von angeblich Tausenden Radlern ausgesetzt. Das Bier drohte auszugehen – er verlängerte mit Zitronenlimonade und behauptete, er habe das »Radlermaß« erfunden, damit die Radler nicht schwankend nach Hause fahren müssten.

wie Reinheitsgebot:

Aus welchen Gründen dieses Gebot (Wasser, Malz, Hopfen – und später Hefe) vor angeblich mehr als einem halben Jahrtausend erfunden wurde und wie viel das Getränk namens Bier mit Reinheit zu tun hat (und wie viel oft nicht) ist ausführlich im Kapitel »Mythos Reinheit« zu lesen.

wie Reiswein:

Selbstverständlich ist Reiswein Bier. Mit Trauben hat er nichts zu tun, dafür entspricht er exakt der Definition eines Getreidetrunks, in dem Alkohol steckt, weil die Stärke zu Zucker geworden und vergoren ist.

wie Rot:

Rotbier kann alles Mögliche sein, der Name ist ein Sammelbegriff für Kaltgetränke mit Rotstich. Gelegentlich fallen auch Rauch- und Braunbiere unter diese

Bezeichnung. Engländer sprechen meist von Red Ale. Die Kolorierung kommt häufig durch heiß gedarrte Röstmalze zustande (daher schmecken viele Rotbiere karamellig). Mit ausschlaggebend ist die Lagerung. Belgisches Rotbier kommt oft ins Eichenfass – mit Auswirkungen auf Geschmack und Farbe. Mit Früchten eingefärbte rote Biere heißen fast immer anders: »Kriek« etwa ist eine belgische Spezialität, entstanden unter der Mitwirkung von Sauerkirschen.

S

wie Schaum:

Die Schicht aus Gasbläschen, für deren Stabilität Eiweiße, Heferesten und Hopfenrückstände sorgen, verhindert, dass Kohlensäure und Aromen zu schnell entschwinden. Doch der Schaum wird längst nicht überall so geschätzt wie in Deutschland, wo eine kräftige Krone liebevoll »Blume« genannt wird. Schweden und Norweger verlangen randvoll eingeschenkte Biere, da sie auf jedes Glas hohe Steuern entrichten müssen. Wehe dem, der sie mit einem Schaumdeckel übers Ohr hauen will!

wie Stadionbier:

Bier und letztlich auch die Bierdusche gehören für Oke Göttlich, den Präsidenten des FC St. Pauli, »zum Millerntor dazu«. Das belegen auch die Zahlen: Ist ein Abendspiel angesagt, verkauft der Klub in seiner Spielstätte rund 50 000 Biere – annähernd einen Liter pro Besucher. Das bedeutet, dass der Fußballfan auf dem Hamburger Kiez überdurchschnittlich viel Kaltgetränk aus

Getreide verputzt. Während der Bieranteil am Getränkeausschank in deutschen Fußballstadien bei rund 60 Prozent liegt, wartet der FC St. Pauli mit etwas anderen Zahlen auf: 92 Prozent Bier.

wie Stammwürze:

Es handelt sich um den Anteil der beim Maischen aus Malz und Hopfen im Brauwasser gelösten Stoffe – zum Zeitpunkt vor der Gärung. Ein großer Teil davon ist Malzzucker. Außerdem: Vitamine, Proteine, Mineralien, Gerbstoffe, Bitterstoffe, Aromaöle, Alphasäuren. Je mehr Würze, desto mehr Malzzucker können die Hefen (in der Regel) in Alkohol und Kohlensäure verwandeln – und desto stärker wird das Bier. Bestimmt wird die Stammwürze in Grad Plato (°P). Ein Grad Plato entspricht bei 20 Grad Celsius einem Prozent. Schankbiere haben nur sieben bis 11 °P (und folglich wenig, nur rund drei Prozent Alkohol), Vollbiere 11 bis 16 °P (vier bis fünf Prozent Alkohol) und Starkbiere mehr als 16 °P.

wie Stiefel:

Er ist neben Willybecher, Maßkrug, Kölschstange, Stoutglas oder Schwenker ein etwas spezielleres Trinkgefäß. Die Pieke des oft zwei Liter fassenden Stiefels aus Glas muss, wenn aus ihm getrunken wird, nach oben ragen. Dadurch wird jener Moment, in dem sich in der Stiefelspitze ein Hohlraum zu bilden beginnt, zu einem höchst kritischen Augenblick – wegen des dortigen Unterdrucks blubbert die Luft nämlich oft sehr ungestüm in die Stiefelspitze. Wer sich ungeschickt anstellt, hat

Bier und Schaum mitten im Gesicht. Aus diesem Grund eignet sich der Stiefel für Trinkspiele.

wie Stresemann:

Der Politiker Gustav Stresemann war Reichskanzler und Minister des Auswärtigen während der Weimarer Republik, und starb 1923 in Berlin. Was hatte dieser Staatsmann mit Bier am Hut? Im Jahr 1900 erschien seine Inaugural-Dissertation zur Erlangung der Doktorwürde der Hohen Philosophischen Fakultät der Universität Leipzig. Thema: »Die Entwicklung des Berliner Flaschenbiergeschäfts«. In dieser wegweisenden Schrift, in der es neben Flaschenbier am Rande auch um Kannenbier ging, erkannte Stresemann, Sohn eines Berliner Kneipiers, früh ein »überall bemerkbares Vordringen der Großunternehmung, welche die kleinen Betriebe im Handel und Gewerbe verdrängt«.

T

wie Trappistenbier:

Die meist obergärige Spezialität darf nur so heißen, wenn sie in einem Trappistenkloster (oder in der unmittelbaren Umgebung) von Mönchen (oder unter deren Aufsicht) produziert wurde. Aktuell gibt es ein Dutzend Trappistenbrauereien: sechs in Belgien, zwei in den Niederlanden, je eine in Österreich, den USA, Italien und England. Die meisten Trappistenbiere erhalten eine zweite Gärung in der Flasche, entsprechend ist der Alkoholgehalt oft beeindruckend.

wie Tschechien:

143 Liter Bier wird dort pro Jahr getrunken – Weltrekord. Die Deutschen bringen es gerade mal auf 104 Liter – und landen dennoch auf dem zweiten Platz.

U

wie ungespundet:

An der Oberseite eines Holzfasses befindet sich eine Öffnung. Dieses sogenannte Spundloch verhindert, dass Gärkohlensäure das Fass bersten lässt. Die Franken gewöhnten sich an, den Holzzapfen gar nicht mehr ins Loch zu stopfen, sondern das CO_2 in die Freiheit zu entlassen. So schufen sie extrem süffige Biere mit wenig Kohlensäure. Weil es sich schnell trinkt, gilt es, auch beim Bestellen keine Zeit zu verlieren. Daher ordert der Durstige bei Mahrsbräu in Bamberg nicht unnötig kompliziert »ein Ungespundetes«, sondern »a U«. Ein fantastisches Gesöff: Ungefiltert, hefetrüb, bernsteinfarben. Bitte schnell noch »a U«!

wie untergärig:

Im Gegensatz zum obergärigen Bier kommen beim untergärigen jene Hefen zum Zug, die sich bei tiefen Temperaturen (vier bis neun Grad Celsius) wohlfühlen und nach der Fermentation nach unten sinken.

wie Urin-Recycling:

Wo Bier getrunken wird, arbeiten die Nieren – und produzieren Harn. 2015 sammelte das dänische Landwirtschaftsministerium beim Festival in Roskilde den

Urin der Zuschauer ein – 54000 Liter. Im darauffolgenden Frühjahr diente der Stoff als Düngemittel für Braugerste. Diese verwandelte die Kopenhagener Brauerei Nørrebro Bryghus in 60000 Flaschen Bier, die 2017 auf den Markt kamen – unter dem Namen Pisner.

V

wie Vollbier:

Zu dieser Biergattung gehören Sorten mit einem Stammwürzegehalt zwischen 11 und 16 °Plato – was bei der Besteuerung relevant wird. Leichtere Biere sind sogenannte Schankbiere, stärkere Starkbiere. Zu den Vollbieren gehören Pils, Export, Alt oder Kölsch.

W

wie Weizen oder Weißbier:

Es handelt sich um untergärige Biere, die mit einem hohen Anteil an Weizen- anstelle von Gerstenmalz eingebraut werden. Oft hefetrüb, oft dunkel. Die gefilterte Variante ist jedoch klar – und heißt daher Kristallweizen.

wie Whirlpool:

Durch Drehbewegungen wird in diesem Gefäß die Würze geklärt. Die nicht gelösten Bestandteile respektive Schwebstoffe (sie stammen aus Hopfen oder Malz) setzen sich wie Sedimente in der Mitte des Behältnisses ab – und können weggesaugt werden.

Y
wie Yoga:

Beim in der USA beliebten Gesundheitstrend Retox geht es nicht nur um Askese, sondern auch darum, sich Genuss zu gönnen. Schon ist man beim Bieryoga. Die Flasche kommt mit auf die Matte, je nach Übung wird sie auf dem Kopf balanciert oder ohne Hände ausgetrunken. Zwei Flaschen gehen pro Session schon mal durch die Kehle. Auch in Deutschland gibt es bereits Bieryoga-Lehrerinnen. Ein Trend! »Om!«

Z
wie Zwickel:

Eigentlich sind Zwickel- oder Kellerbiere kein eigener Bierstil, gemeint sind oft ober- oder untergärige ungefilterte und daher hefetrübe Biere. Der Name Zwickel leitet sich vom Zwickelhahn ab – einer Vorrichtung am Gärtank. Dort kann der Brauer das noch junge Bier prüfen, bevor es filtriert und abgefüllt wird. Meist ist es kohlensäurearm und gilt daher als besonders »süffig«.

Wichtige Quellen

Andrew Curry, *The Birth of Booze – Our 9,000-Year Love Affair with Alcohol*; in: *National Geographic*, February 2017

Philippe Delerm, *Der erste Schluck Bier*, Frankfurt/Main 1998

Horst Dornbusch, *Das große BRAUWELT Lexikon der Biersorten*, Nürnberg 2017

Martin Droschke und Norbert Krines, *111 deutsche Craft Biere, die man getrunken haben muss*, Köln 2018

Du Min et al, *Prevention of obesity by dietary resveratrol: how strong is the evidence?*; in: *Expert Review of Endocrinology & Metabolism*, Vol. 10, 201

Robin I.M. Dunbar et al., *Functional Benefits of (Modest) Alcohol Consumption;* in: *Adaptive Human Behavior and Physiology*, December 2016

Michael Eder, *Aromabildung bei der Reifung im Holzfass*; in: *Brauwelt*, Nr. 40–41 (2018)

Mark Forsyth, *Eine kurze Geschichte der Trunkenheit*, Stuttgart 2019

Gunther Hirschfelder und Manuel Trummer, *Bier – Eine Geschichte von der Steinzeit bis heute*, Darmstadt 2016

Elias Lönnrot, *Kalewala – das National-Epos der Finnen*; Deutsch von Anton Schiefner, Helsingfors 1852

Neil MacGregor, *Deutschland – Erinnerungen einer Nation*, München 2017

Franz Meußdoerffer und Martin Zarnkow, *Das Bier – Eine Geschichte von Hopfen und Malz*, München 2016

Sünje Nicolaysen, *Der ultimative Bier-Guide*, München 2018

Josef H. Reichholf, *Warum die Menschen sesshaft wurden*, Frankfurt / Main 2006

Michael Rudolf, *Der Pilsener Urknall – Expeditionen ins Bierreich*, Leipzig 2004

Michael Rudolf, *2000 Biere – Der endgültige Atlas für die ganze Bierwelt*, Münster 2005

Tom Standage, *Sechs Getränke, die die Welt bewegten*, Düsseldorf 2006

Oliver Wesseloh, *Bierleben*, Reinbek bei Hamburg 2016

Martin Zarnkow, *Malzbereitung*; in: *Journal Culinaire*, Nr. 10 (2010)

Internetseiten:

www.hopfenhelden.de

https://blogs.faz.net/bierblog/

Danksagung

Mein Dank geht an:

all die Bierverrückten, die in ihrem beruflichen Wirken nichts unversucht lassen, damit dieses Getränk etwas Besonderes bleibt. Speziell möchte ich Oliver Wesseloh hervorheben, der mich seit Jahren mit seinem Wissen und seiner Braukunst begeistert – der Kehrwieder-Chef musste ein Höchstmaß an Geduld aufbringen, bis er endlich all meine Fragen beantwortet hatte. Willi Schoppmeier von Friedensreiter Bräu erschloss mir die fantastische Welt fast ausgestorbener Getreidesorten – und erklärte mir, wofür Grannen gut sind. Friedhelm Langfeld zeigte mir sein Labyrinth, in dem das von mir seit Urzeiten geliebte Pinkus gedeiht. Marie-Pierre Locher und ihr Bruder Ludwig vermittelten mir, dass man für eine Pflanze brennen kann – weil sich hinter mancher Hopfensorte eine herzergreifende Geschichte verbirgt. Sabine Weyermann beeindruckte mich mit ihrer unglaublichen Energie – wer sie spürt, wundert sich keine Sekunde darüber, warum auf der ganzen Welt in den Brauereien weiße Malzsäcke aus Bamberg stehen. Und nachdem ich mit Mathias Hutzler vom Forschungszentrum Weihenstephan für Brau- und Lebensmittelqualität gesprochen hatte, wusste ich, welches die mit Abstand charaktervollsten Wesen auf dem Planeten Erde, wenn nicht im ganzen Universum sind: natürlich Hefen.

meinen Freund Thomas Spindler, der mir die Bamberger Bierwelt erschloss und nie ohne ein Kistchen nach Hamburg kommt (gefüllt mit großen, mir noch unbekannten Schätzen).

meinen Freund Peer Teuwsen, den gestrengen Erstleser vieler meiner Texte, dessen Kritik ich stets vertrauen kann.

meine Kollegen in den Ressorts Wissen und Hamburg der ZEIT-Redaktion. Sie sind mir Jahr für Jahr behilflich, wenn es darum geht, Bierhorizonte zu erweitern. Harro Albrecht und Ulrich Schnabel erweisen sich zudem wiederholt als bewährte Supporter, wenn es gilt, ein Buchprojekt voranzubringen.

meine Frau Alexandra Kardinar und unsere Josefine – sie waren die Leidtragenden, als sich das Fertigschreiben dieses Buchs am Ende »völlig unerwartet« doch noch über Monate (und vor allem über Wochenenden) hinzog.

meine Lektorin Ulrike Ostermeyer, die dieses Hinziehen mit nachsichtiger Betreuung begleitete.

meine Agentin Barbara Wenner. Es ist für jeden Autor ein Geschenk, sie an seiner Seite zu wissen.